핵심이론과 함께하는

파이널 패스

100선

박문각 공인중개사
민석기 민법·민사특별법

브랜드만족
1위
박문각

근거자료
별면표기

20
24

CONTENTS

이 책의 차례

민법·
민사특별법
100선

합격까지 **박문각** 공인중개사

Chapter 01 　법률행위 일반

1. 다음 중 상대방 있는 단독행위에 해당하는 것을 모두 고른 것은?

> ㉠ 계약의 취소
> ㉡ 합의해제
> ㉢ 무권대리인의 행위에 대한 본인의 추인
> ㉣ 공유 지분의 포기

① ㉠　　　　　　　　　　　　② ㉠, ㉡
③ ㉠, ㉢　　　　　　　　　　④ ㉠, ㉢, ㉣
⑤ ㉡, ㉢, ㉣

핵심 정리

(1) **단독행위의 특징**
　- 일방적 의사표시로 효력 발생
　- 원칙적으로 조건을 붙일 수 없음
　　cf) 유언, 채무면제에 조건 가능

(2) **계약의 특징 및 종류**
　- 당사자의 합의에 의하여 효력 발생
　- 매매, 교환, 임대차, 증여, 합의해제

(3) **상대방 있는 단독행위**
　- 해제, 취소
　- 추인, 동의
　- 채무면제
　- 공유 지분의 포기

(4) **상대방 없는 단독행위**
　- 유언
　- 재단법인 설립

Check Point

① 계약의 해제는 성질상 상대방 (<u>있는</u> / 없는) 단독행위에 해당한다.
② 합의해제는 성질상 상대방 있는 (단독행위 / <u>계약</u>)에 해당한다.
③ 공유지분의 포기는 상대방 (있는 / <u>없는</u>) 단독행위에 해당한다.

정답 01. ④

2. 법률행위의 효력에 관한 설명으로 옳은 것은? (다툼이 있으면 판례에 의함)

① 계약 체결 당시부터 그 이행이 법률적으로 금지된 행위를 대상으로 한 계약도 그 이행을 청구할 수 있다.

② 계약 체결 이후에 쌍무계약의 당사자 일방의 채무가 이행할 수 없게 되었다면 그 계약은 효력이 발생될 수 없다.

③ 매매 계약이 유효하려면 매매 계약의 목적물이 계약 체결 당시에 확정되어 있어야 한다.

④ 농지취득 자격 증명은 농지 매매 계약의 효력발생 요건이다.

⑤ 강행법규에 위반하는 법률행위를 한 자가 스스로 그 법률행위의 무효를 주장하는 것은 신의칙에 반하는 것이라고 할 수 없다.

핵심 정리

(1) **목적의 확정**
 - 목적은 이행기 까지 확정
  cf) 당사자의 확정은 성립시

(2) **원시적 불능의 효과**
 - 법률행위 무효
 - 계약체결상 과실책임 발생 가능

(3) **후발적 불능의 효과**
 - 법률행위 유효
 - 채무자 귀책사유 있으면 채무불이행
 - 채무자 귀책사유 없으면 위험부담

(4) **강행규정 위반의 효과**
 - 추인 불가능
 - 표현대리 성립 불가능
 - 선의의 제3자에게도 무효 주장 가능
 - 위반자가 스스로 무효 주장 가능

(5) **법률행위의 특별효력요건 인 것**
 - 대리권의 존재
 - 조건의 성취, 기한의 도래
 - 토지거래허가
  cf) 농지취득자격증명 ×

Check Point

① 매매 계약의 (<u>당사자는</u> / 목적물은) 계약 성립 당시에 확정되어 있어야 한다.

② 매매 계약 체결 (<u>이전에</u> / 이후에) 매매 목적 건물이 멸실되었다면 매매 계약은 효력이 발생되지 않는다.

③ 농지취득자격증명 없이 체결한 농지를 매매한 경우, 그 농지에 대한 (매매 계약의 / <u>취득의</u>) 효력이 발생될 수 없다.

정답 02. ⑤

3. 법률행위에 관한 설명으로 틀린 것은? (다툼이 있으면 판례에 의함)

① 법령에 정한 한도를 초과하여 체결된 부동산 중개수수료 약정은 그 한도를 초과하는 부분에 한하여 무효가 된다.

② 개업 공인중개사가 고객과 직접 중개 대상물에 대한 거래행위를 하는 것은 강행규정에 위반한 행위로써 효력이 발생될 수 없다.

③ 증권거래에 관한 증권회사와 고객의 투자수익보장 약정은 효력이 발생되지 않는다.

④ 농지에 대한 임대차 계약은 원칙적으로 효력이 발생되지 않는다.

⑤ 「부동산 등기 특별조치법」에서 미등기 전매행위를 금지하고 이를 위반한 자를 형사처벌하고 있지만 그 사법상 효력이 무효인 것은 아니다.

핵심 정리

(1) **효력 규정 위반: 규제○ + 무효**
- 초과 수수료 약정 초과 부분만 무효
- 무자격자 중개수수료 약정
- 증권거래법상 투자수익보장 약정
- 공공 임대주택에 관한 규정 위반
- 토지거래 허가제 위반 약정
- 농지 임대차 계약 (반사회×)

(2) **단속규정 위반: 규제○ + 유효**
- 중간생략등기(미등기 전매)
- 중개사와 고객의 직접거래
- 증권거래법상 일임매매 약정
- 공공분양주택 전매금지기간 위반
- 무허가 음식점의 판매행위

Check Point

① 공인중개사가 법정 한도를 초과하여 지급받은 수수료는 그 (전부를 / <u>초과부분을</u>) 반환하여야 한다.

② 개업공인중개사가 중개의뢰인과 직접 거래하는 행위는 (강행규정 / <u>단속규정</u>)에 위반하여 효력이 발생될 수 (<u>있다.</u> / 없다.)

③ 토지거래허가구역 (<u>내에서</u> / 외에서) 경료한 중간생략등기는 효력이 발생되지 않는다.

정답 03. ②

4. 반사회적 법률행위에 관한 설명으로 틀린 것은? (다툼이 있으면 판례에 의함)

① 법률행위의 동기가 반사회적이고 그 동기가 표시된 경우에는 법률행위 전체가 무효가 될 수 있다.

② 법률행위의 성립과정에 강박이라는 불법적 방법이 사용된 데에 불과한 때에도 반사회질서행위로서 무효라고 할 수는 없다.

③ 반사회적 법률행위에 의한 무효를 가지고 선의의 제3자에게 대항하지 못한다.

④ 반사회적 행위에 해당하는 첩계약의 대가로 첩에게 양도한 부동산은 반환을 청구하지 못한다.

⑤ 반사회적 행위를 원인으로 무효인 소유권이전등기를 경료한 자가 물권적청구권을 행사하는 경우, 그 상대방은 그 행위가 무효임을 주장할 수 있다.

핵심 정리

(1) **반사회적 행위의 개념**
 - 반사회적 행위 ≠ 강행규정 위반
 - 표시되거나 알려진 동기의 불법 포함
 - 법률행위 당시를 기준으로 판단

(2) **강박에 의하여 증여를 한 사례**
 - 반사회적 행위로 무효×
 - 불공정 행위로 무효×
 - 비진의 표시로 무효×
 - 허위표시로 무효×
 - 강박을 이유로 취소 가능

(3) **반사회적 행위의 효과**
 ① 절대적 무효
 - 추인 불가능
 - 선의의 제3자에게 대항 가능
 ② 불법원인급여물
 - 이행한 급부의 반환청구 불가능
  cf) 법정한도 초과이자 반환청구 가능

Check Point

① 국가기관의 강박에 의하여 부동산을 증여를 하기로 하였다면 증여계약은 (반사회적 법률행위에 해당하여 무효이다. / <u>취소할 수 있다.</u>)

② 어떠한 계약이 반사회적 행위나 불공정한 행위에 해당하는지 여부에 관한 판단은 (<u>계약 체결 당시</u> / 판결당시)를 기준으로 판단한다.

③ 甲이 乙에게 부동산을 증여하는 행위가 (<u>반사회적 행위로</u> / 통정허위표시로) 무효인 경우, 甲은 乙에게 그 부동산의 반환을 청구할 수 없다.

정답 04. ③

5. 반사회적 법률행위에 관한 설명으로 틀린 것은? (다툼이 있으면 판례에 의함)

① 부첩관계 종료를 해제조건으로 하는 증여계약은 반사회적 법률행위에 해당하여 효력이 없다.

② 비자금을 소극적으로 은닉하기 위하여 임치하는 계약은 반사회적 법률행위에 해당하지 않는다.

③ 증언의 대가를 지급하기로 하는 약정도 그 대가가 상당한 수준을 초과하는 경우에는 반사회적 법률행위로 무효가 될 수 있다.

④ 도박채무 변제를 위하여 도박채권자에게 부동산 처분에 관한 대리권을 수여하는 행위는 반사회적 법률행위에 해당하지 않는다.

⑤ 채권자의 강제집행을 피하기 위하여 부동산에 허위의 근저당권을 설정하는 행위는 반사회적 법률행위에 해당하여 효력이 없다.

핵심 정리

(1) **첩관계 종료를 해제조건으로 증여**
   ⇨ 무효
   cf) 첩관계를 단절하면서 생활비 지급
   ⇨ 유효
(2) **진술의 대가 지급약정**
   – 허위진술의 대가 ⇨ 무효
   – 상당수준을 초과 하는 대가 ⇨ 무효
(3) **변호사의 성공보수 약정**
   – 형사사건 ⇨ 무효
   – 민사사건 ⇨ 유효

(4) **도박 관련 약정**
   – 도박 및 도박채무 ⇨ 무효
   – 도박채권자에게 대리권 수여 ⇨ 유효
(5) **비자금(뇌물)**
   – 뇌물 수수 행위 ⇨ 무효
   – 비자금 소극적 임치 ⇨ 유효
(6) **무효 ○ 반사회 ✕**
   – 허위의 근저당권 설정행위
   – 명의신탁 약정
   – 농지 임대차

Check Point

① 채권자의 강제집행을 피하기 위하여 허위의 근저당권을 설정하는 행위는 (반사회적 법률행위에 / 통정허위표시에) 해당하여 효력이 없다.

② 명의신탁 약정에 의하여 수탁자 명의로 등기가 된 부동산은 불법원인급여물에 (해당 한다. / 해당하지 않는다.)

정답 05. ⑤

6. 甲은 X건물을 乙에게 매도하는 계약을 체결하고 중도금까지 받았으나 같은 건물을 丙에게 다시 매도하고 丙명의로 소유권이전등기를 경료해 주었다. 다음 설명 중 틀린 것은?(다툼이 있으면 판례에 의함)

① 丙이 甲과 乙의 매매 계약이 체결되어 있었음을 알고 있었다는 사실만으로 甲과 丙의 매매 계약이 무효로 되는 것은 아니다.

② 乙은 최고 없이 甲과의 계약을 해제하고 손해배상을 청구할 수 있다.

③ 甲과 丙의 매매 계약이 무효가 되는 경우에도 乙은 丙에게 직접 소유권이전등기를 청구할 수 없다.

④ 甲과 丙의 매매 계약이 무효가 되는 경우, 乙은 甲을 대위하여 丙에게 말소등기를 청구할 수 있다.

⑤ 甲과 丙의 매매 계약이 반사회적 행위로 무효인 경우, 丙으로부터 X건물을 매수하여 등기를 경료한 丁이 선의인 경우에는 소유권을 취득할 수 있다.

핵심 정리

(1) **이중매매의 유효성**
 - 제2매매 원칙적 유효
 - 제2매수인이 적극가담하면 무효
  cf) 제2매수인이 알고 있었다는 사실만으로 무효라고 할 수 없음

(2) **무효인 이중매매의 법률관계**
 ① 제2매수인은 소유권 취득 불가능
 ② 제1매수인의 권리
 - 해제 및 손해배상청구 가능
 - 제2매수인에게 직접 등기청구 불가능
 - 매도인을 대위하여 제2매수인 명의의 등기말소 가능

(3) **제3자의 지위**
 제2매수인으로부터 전득한 제3자는 선악 불문 소유권 취득 불가능

Check Point

① 丙이 甲과 乙의 계약 체결 사실을 (알고 있었다면 / <u>알면서 적극가담 하였다면</u>) 甲과 丙의 계약은 효력이 발생될 수 없다.

② 甲과 丙의 매매 계약이 무효인 경우, 乙은 (丙에게 직접 / <u>甲을 대위하여 丙에게</u>) 말소등기를 청구할 수 있다.

정답 06. ⑤

7. 불공정한 법률행위에 관한 설명으로 옳은 것은? (다툼이 있으면 판례에 의함)

① 불공정한 법률행위의 요건인 궁박에는 정신적 궁박은 포함되지 않는다.

② 불공정한 법률행위의 무효를 주장하는 자가 그 요건을 모두 입증하여야 한다.

③ 불공정한 법률행위로 무효가 되기 위해서 피해자에게 궁박 상태가 존재한다는 사실에 대한 폭리자의 인식이 있으면 충분하다.

④ 불공정한 법률행위에는 무효행위 전환에 관한 법리가 적용될 수 없다.

⑤ 대리행위가 불공정한 행위에 해당하는지를 판단함에 있어서 궁박은 대리인을 기준으로 판단한다.

핵심 정리

(1) **불공정한 법률행위 판단**
- 판단시기: 법률행위 당시
- 궁박 판단은 본인 기준
  cf) 경솔 무경험 판단은 대리인 기준

(2) **불공정한 행위의 무효 요건**
- 정신적 궁박 포함 ○
- 특정영역의 무경험 포함 ✕
- 궁박, 경솔, 무경험 모두 필요 ✕
- 궁박, 경솔, 무경험 추정 ✕
- 무효 주장자가 무효 요건 입증 필요함
- 폭리자에게 폭리의사 필요 ○

(3) **불공정한 행위의 효과**
- 무효행위 추인 불가능
  cf) 무효행위 전환의 법리 적용 가능
- 선의의 제3자에게 무효 주장 가능
- 무상행위에 불공정행위 규정 적용 ✕
- 경매에 불공정행위 규정 적용 ✕
- 폭리자는 반환청구 불가능
  cf) 피해자는 반환청구 가능

Check Point

① 대리인의 행위가 불공정한 법률행위에 해당하는지 여부를 판단함에 있어서 피해자의 (궁박 / 경솔 / 무경험)은 본인을 기준으로 판단하여야 한다.

② 불공정한 법률행위가 되기 위한 궁박은 (경제적 / 정신적) 원인에 의한 궁박을 의미한다.

③ 불공정한 법률행위가 되기 위한 피해자의 무경험은 (거래 일반의 / 특정영역의) 무경험을 의미한다.

④ 불공정한 법률행위에 무효행위의 (추인 / 전환)에 관한 규정이 적용된다.

정답 07. ②

8. 법률행위의 해석에 관한 설명으로 틀린 것은? (다툼이 있으면 판례에 의함)

① 당사자의 의사가 일치된 경우에는 표시행위에 구애됨이 없이 당사자의 진정한 의사에 따라 법률행위를 해석할 수 있다.

② 임대차 계약을 체결함에 있어서 '모든 권리금을 인정함' 이라고 특약하였다면 임대인이 보증금 이외에 권리금도 반환하기로 한 것으로 해석된다.

③ 법률행위 해석에 있어서 당사자의 의사와 다른 임의규정이 있는 경우, 당사자의 의사에 따른다.

④ X토지를 매매하기로 합의하였으나 Y토지를 매매 계약서에 잘못 표시하고 이전등기를 경료 한 경우, X토지에 대한 매매 계약이 성립된다.

⑤ ④의 경우 매도인은 착오를 이유로 매매 계약을 취소할 수 없다.

핵심 정리

(1) **법률행위 해석 방법**
① 자연적 해석 : 일치된 의사에 따라
② 규범적 해석 : 표시행위 의미에 따라
③ 보충적 해석 : 가정적 의사에 따라

(2) **법률행위 해석 기준**
① 의사
② 사실인 관습
③ 임의규정
④ 신의칙

(3) **오표시 무해의 법칙**
– X토지 매매 합의, Y토지 표시 등기
– X토지 계약 성립
– 착오 취소 불가능
– 제3자는 Y토지 취득 불가능

Check Point

① 당사자의 의사가 (일치 한 / <u>일치하지 않는</u>) 경우, 법원은 표시행위의 객관적 의미를 밝히는 해석을 하여야 한다.

② X토지를 매매하기로 합의하였으나 Y토지를 매매 계약서에 잘못 표시한 경우, (<u>X토지</u> / Y토지)에 대한 매매 계약이 성립한다.

정답 08. ②

Chapter 02 의사표시

9. 진의 아닌 의사표시에 관한 다음 설명 중 틀린 것은? (다툼이 있으면 판례에 의함)

① '진의'란 특정한 내용의 의사표시를 하고자 하는 표의자의 생각을 말하는 것이다.

② 진의 아닌 의사표시는 상대방이 진의 아님을 알거나 알 수 있었을 경우에 한하여 무효로 한다.

③ 대출절차상의 편의를 위하여 제3자가 채무자에게 명의를 빌려준 경우 특별한 사정이 없는 한 이러한 제3자의 의사표시는 비진의 표시라고 볼 수 없다.

④ 표의자가 강박에 의하여 어쩔 수 없이 증여의 의사표시를 하였다면 이는 비진의 표시에 해당하지 않는다.

⑤ 사직의 의사가 없는 공무원이 한 사직의 의사표시에 진의 아닌 의사표시에 관한 민법 제107조가 적용된다.

핵심 정리

(1) 비진의 표시 규정
- 원칙 : 표시한 바에 따라 유효
- 상대방이 알거나 알 수 있었을 경우 무효
- 무효가 되더라도 선의의 제3자에게 대항할 수 없음

(2) 비진의 표시 규정 적용 제외 영역
- 강박에 의하여 증여한 경우
- 타인 대출에 채무자 이름 제공한 경우
- 공무원의 사직의 의사표시

Check Point

① 진의 아닌 의사표시는 원칙적으로 효력이 발생될 수 (<u>있다.</u> / 없다.)

② 진의 아닌 의사표시를 상대방이 알았거나 알 수 있었을 경우, (<u>무효다.</u> / 취소할 수 있다.)

③ 진의 아닌 의사표시에서 '진의'란 (<u>어떠한 의사표시를 하고자 하는 생각</u> / 표의자가 마음속에서 진심으로 바라는 사항)을 의미한다.

정답 09. ⑤

10. 甲은 채권자 A에 의한 강제집행을 피하기 위하여 자신의 유일한 재산인 X건물을 乙에게 허위로 매도하고 소유권이전등기를 경료 하였다. 그 후 乙은 丙에게 저당권을 설정해 주었다. 이에 관한 설명으로 틀린 것은? (다툼이 있으면 판례에 의함)

① 丙이 선의인 경우에도 甲은 乙에게 진정명의 회복을 원인으로 한 소유권이전등기를 청구할 수 있다.

② 甲과 乙을 포함하여 그 누구도 선의의 丙에 대하여 허위표시의 무효를 주장하지 못한다.

③ 丙의 저당권이 유효하기 위해서는 丙 스스로 자신의 선의를 입증하여야 한다.

④ 丙이 제3자로 보호받기 위해서는 선의이면 충분하고 무과실일 필요는 없다.

⑤ 선의의 丙이 신청한 경매에서 X건물을 매수한 경락인 丁이 가장매매에 관하여 악의이더라도 소유권을 취득할 수 있다.

핵심 정리

(1) **가장매매의 효과**
- 가장매매 무효
- 가장매도인은 매수인 명의의 등기 말소 청구 가능
- 채권자취소권에 의한 취소 가능

(2) **제3자의 지위**
- 선의의 제3자에게는 무효주장 불가능
- 제3자는 선의로 추정되므로 무효 주장자가 제3자의 악의 입증
- 제3자는 선의이면 충분하고 무과실 불필요

(3) **제3자에 해당하는 자**
- 가장 매수인으로부터 목적물을 양도, 설정 받은 자
- 가장 매도인으로부터 매매대금 채권을 양도, 전부 받은 자
- 가장채권자 파산시 파산관재인

(4) **제3자에 해당하지 않는 자**
- 상속인, 대리인
- 제3자를 위한 계약의 수익자
- 일반채권자
- 채권의 가장 양도에서 채무자

Check Point

① 허위표시의 제3자에 관하여 (제3자 스스로 선의를 입증 / <u>무효 주장자가 제3자의 악의를 입증</u>) 하여야 한다.

② 허위표시의 제3자로 보호받기 위해서는 (<u>선의</u> / 선의 무과실)이어야 한다.

정답 10. ③

11. 착오에 의한 의사표시에 관한 설명 중 틀린 것은? (다툼이 있으면 판례에 의함)

① 동기의 착오를 이유로 법률행위를 취소하기 위하여 동기를 의사표시의 내용으로 하는 합의가 있어야 한다.

② 계약 당시를 기준으로 하여 장래의 미필적 사실의 발생에 대한 기대나 예상이 빗나간 경우, 착오 취소는 인정되지 않는다.

③ 대지인 줄 알고 매수한 토지의 대부분이 하천인 경우, 이는 중요부분의 착오에 해당한다.

④ 매매 목적물의 시가에 관한 매수인의 착오는 중요부분의 착오라고 할 수 없다.

⑤ 공인중개사를 통하여 건물을 매수하는 자가 매매 목적물을 확인하지 않은 과실은 중대한 과실에 해당하지 않는다.

핵심 정리

(1) **착오 취소 요건**
① 동기의 착오
  - 표시되거나 유발된 경우 취소 가능
    cf) 합의까지는 필요 없음
② 중요부분 착오
  cf) 경제적 불이익 없으면 중요부분 ×
  - 중요부분 ○ : 현황, 경계의 착오 등
  - 중요부분 × : 시가, 지적의 착오 등

③ 표의자의 중과실
  - 경과실 있는 표의자는 취소 가능
  - 중과실 있는 표의자
    원칙적 취소 불가능
    상대방이 알고 이용하면 취소 가능
④ 당사자 특약으로 취소권 배제 가능

Check Point

① 동기의 착오가 상대방으로부터 유발 된 경우, 그 동기가 (표시되어야 / <u>표시되지 않아도</u>) 착오를 이유로 취소할 수 있다.

② (공인중개사를 통하여 / <u>공인중개사를 통하지 않고</u>) 건물을 매수하는 자가 매매 목적물을 확인하지 않은 과실은 중대한 과실에 해당한다.

정답 11. ①

12. 착오에 의한 의사표시에 관한 설명 중 틀린 것은? (다툼이 있으면 판례에 의함)

① 착오에 의한 취소권을 행사하지 않기로 하는 계약 당사자 사이의 특약도 효력이 발생될 수 있다.

② 착오가 표의자의 중대한 과실에 의한 경우에도 상대방이 이를 알고 이용한 경우에는 착오를 이유로 한 취소권이 인정될 수 있다.

③ 착오 취소를 하려는 표의자에게 중대한 과실이 있다는 사실은 법률행위의 효력을 부인하는 자가 증명하여야 한다.

④ 매도인이 매수인의 대금 지급 지체를 이유로 매매 계약을 해제한 후에도 매수인은 착오를 이유로 한 취소권을 행사할 수 있다.

⑤ 매도인의 담보책임이 성립하는 경우에도 매수인은 매매 계약의 내용의 중요 부분에 착오가 있음을 이유로 한 취소권을 행사할 수 있다.

핵심 정리

(1) **착오 취소의 입증책임**
  ① 중요부분 착오의 입증
    - 표의자 = 취소를 하려는 자
    - 법률행위의 효력을 부인하려는 자
  ② 표의자의 중대한 과실 입증
    - 상대방 = 취소를 저지하려는 자
    - 법률행위의 유효를 주장하는 자

(2) **착오와 타 제도와의 관계**
  - 착오 취소한 자 손해배상책임 없음
  - 매도인이 계약을 해제한 후에도 매수인은 착오를 이유로 취소 가능
  - 담보책임에 의한 해제가 가능하더라도 착오를 이유로 한 취소 가능

Check Point

① 착오가 표의자의 중대한 과실에 의한 경우, (원칙적으로 / <u>상대방이 이를 알고 이용하였다면</u>) 착오를 이유로 한 취소권이 인정될 수 있다.

② 착오 취소에 있어서 표의자의 중대한 과실은 법률행위의 (효력을 부인하려는 자에게 / <u>유효를 주장하는 자에게</u>) 입증책임이 있다.

③ 매매 목적물의 하자로 인하여 매도인의 담보책임이 성립하는 경우, 매수인은 착오를 이유로 매매 계약을 취소할 수 (<u>있다.</u> / 없다.)

정답 12. ③

13. 乙은 제3자 A의 강박에 의하여 甲로부터 부동산을 매수하는 계약을 체결하였다. 다음 설명 중 틀린 것은? (다툼이 있으면 판례에 의함)

① 원칙적으로 甲이 강박행위의 존재를 알았거나 알 수 있었을 경우에 한하여 乙에게 취소권이 인정된다.

② 만약 A가 甲의 대리인이라면 甲이 선의 무과실인 경우에도 乙에게 취소권이 인정될 수 있다.

③ 乙이 강박에 의하여 의사결정의 자유가 박탈 된 상태에서 계약을 체결하였다면 그 계약은 무효로 한다.

④ 乙이 A에게 손해배상을 청구하기 위해서는 먼저 甲과의 매매 계약을 취소하여야 한다.

⑤ 乙이 매수한 부동산에 하자가 있는 경우 乙은 취소권과 하자담보책임에 의한 해제권을 선택하여 행사할 수 있다.

핵심 정리

(1) **제3자 사기 강박의 경우 취소**
- 상대방 선의 무과실이면 취소 불가능
- 상대방 알거나 알 수 있었다면 취소 가능
  cf) 대리인에 의한 기망 강박의 경우 본인의 선의 악의에 관계없이 취소 가능

(2) **취소와 타제도의 관계**
① 착오와 사기가 경합한 경우
- 원칙적으로 선택하여 주장 가능
- 제3자 기망으로 다른 서류에 서명한 경우 착오만 적용
② 사기와 담보책임이 경합한 경우
- 취소와 담보책임 선택하여 주장 가능
③ 사기와 불법행위가 경합한 경우
- 취소와 손해배상청구 함께 행사 가능
- 취소하지 않고 손해배상청구 가능

Check Point

① 甲의 대리인 乙이 상대방 丙을 기망한 경우, 丙은 (甲이 그 사실을 알았거나 알 수 있었을 경우에 한하여 / 甲이 선의 무과실인 경우에도) 취소권을 행사할 수 있다.

② 기망행위를 이유로 한 취소와 불법행위를 이유로 한 손해배상청구는 (동시에 / 둘 중 하나를 선택하여) 행사할 수 있다.

정답 13. ④

14. 의사표시에 관한 설명으로 틀린 것은? (다툼이 있으면 판례에 의함)

① 의사표시의 상대방이 정당한 사유 없이 수령을 거절하였다면 그 의사표시는 도달 된 것으로 본다.

② 등기우편에 의하여 발송한 편지가 상당한 기간 동안 반송되지 않았다면 그 무렵 상대방에게 도달한 것으로 추정할 수 있다.

③ 표의자가 의사표시를 발송한 후 사망하더라도 그 의사표시의 효력에 영향을 미치지 않는다.

④ 의사표시를 수령한 자가 제한능력자인 경우, 표의자는 수령자의 법정대리인이 그 사실을 알기 전까지는 그 의사표시로 대항하지 못한다.

⑤ 무권대리의 상대방이 상당한 기간을 정하여 본인에게 추인 여부를 최고한 경우, 상대방이 그 기간 내에 확답을 받지 못하면 추인을 거절한 것으로 본다.

핵심 정리

(1) 원칙적 도달주의 (요지가능성설)
- 수령거절 : 도달로 인정
- 등기, 내용증명 : 도달추정 ○
- 보통우편 : 도달추정 ×

(2) 예외적 발신주의
- 사원총회 소집통지
- 격지자 간의 계약 성립
- 지연의 통지
- 무권대리 행위에 대한 본인의 확답
- 무능력자 법정대리인의 확답
- 채무인수 채권자의 확답

(3) 의사표시 발송 후 표의자가 사망하거나 제한능력자가 되더라도 의사표시의 효력에 영향 없음

(4) 수령자가 제한능력자인 경우 법정대리인이 알기 전까지 표의자는 도달 주장 불가능
cf) 제한능력자는 도달 주장 가능

(5) 과실 없이 상대방이나 상대방의 소재를 알 수 없을 때에 공시송달 가능

Check Point

① 의사표시가 도달한 때라는 것은 의사표시의 상대방이 그 내용을 (안 때 / 알 수 있는 객관적 상태가 된 때) 를 의미한다.

② 의사표시의 수령자가 제한능력자인 경우, 법정대리인이 도달 사실을 알기 전까지 (표의자는 / 수령자는) 그 의사표시의 도달을 주장하지 못한다.

③ 무권대리 상대방의 최고에 대하여 기간 내에 본인이 확답을 (발하지 / 받지) 않으면 추인을 거절한 것으로 본다.

정답 14. ⑤

Chapter 03 법률행위의 대리

15. 대리권에 관한 설명으로 옳은 것은? (다툼이 있으면 판례에 의함)

① 대리인은 의사능력자일 필요가 없다.

② 부동산 입찰절차에서 동일한 물건에 관하여 한 사람이 동시에 다른 두 사람의 대리인으로서 한 입찰행위는 무효이다.

③ 대리인은 당사자 쌍방을 대리하여 등기신청행위를 할 수 없다.

④ 대리인이 여러 명인 경우에는 공동대리를 원칙으로 한다.

⑤ 본인이 파산선고를 받으면 대리인의 대리권은 소멸한다.

핵심 정리

(1) **대리인의 능력**
 − 의사능력: 필요
 − 행위능력: 불필요

(2) **자기계약 쌍방대리 원칙적 금지**
 − 본인의 허락이 있는 경우 허용
 − 다툼이 없는 채무의 이행(등기신청)은 허용

(3) **대리인이 수인인 경우**
 − 원칙적 각자대리
 − 공동대리 제한 가능

(4) **대리권 소멸사유**
 − 본인의 사망
 − 대리인의 사망, 성년후견 개시, 파산
 − 임의대리의 경우 수권행위 철회
 − 임의대리의 경우 원인관계 종료

Check Point

① 甲이 乙의 임의대리인인 경우 (<u>甲이</u> / 乙이) 파산선고를 받으면 대리권은 소멸한다.

② 대리인에 대한 (한정후견 / <u>성년후견</u>)의 선고는 대리권 소멸사유에 해당한다.

③ 대리인은 (<u>행위능력자</u> / 의사능력자)일 필요가 없다.

정답 15. ②

16. 임의대리인의 대리권에 관한 설명으로 틀린 것은? (다툼이 있으면 판례에 의함)

① 매도인의 대리인은 특별한 사정이 없는 한 매매 대금을 수령할 수 있는 권한이 있다.

② 매매 계약 체결에 관하여 포괄적으로 대리권을 수여받은 대리인은 매매 대금 지급기일을 연기해 줄 권한도 있다.

③ 본인이 대리인에게 계약 체결과 취소에 관한 대리권을 부여한 경우에도 대리인은 상대방의 기망을 이유로 한 취소권을 행사할 수 없다.

④ 매도인의 대리인이 대금을 수령하여 본인에게 전달하지 않은 경우에도 매매 계약이 해제되면 본인이 매매대금 반환의무를 부담한다.

⑤ 대리인은 특별한 사정이 없는 한 본인의 채권에 대한 소멸시효를 중단시킬 수 있다.

핵심 정리

(1) **임의대리권 범위가 분명한 경우**
- 본인이 지정한 행위만 가능
- 보존행위도 금지시키면 불가능
- 처분행위도 허락하면 가능

(2) **임의대리권 범위가 분명치 않은 경우**
- 보존행위
- 성질 변화 없는 이용, 개량행위 가능
- 본인 부동산 보존등기 가능
- 본인 채권 소멸시효 중단 가능
- 중도금 잔금 수령 가능
- 대금 지급기일 연기 가능
- 처분행위 불가능
- 해제, 취소 불가능
- 채무면제 불가능

Check Point

① 본인이 명시적으로 (금지하더라도 / <u>금지하지 않는 한</u>) 보존행위는 대리인의 대리권에 포함된다.

② 본인이 취소에 관한 대리권을 (수여한 / <u>수여하지 않은</u>) 경우, 대리인은 취소권을 행사하지 못한다.

정답 16. ③

17. 甲의 임의대리인 乙이 丙에게 甲의 건물을 매도하는 계약을 체결하는 경우에 관한 설명으로 틀린 것은? (다툼이 있으면 판례에 의함)

① 乙이 대리인임을 표시함이 없이 甲의 이름으로 매매 계약을 체결하는 경우에도 유효한 대리행위가 될 수 있다.

② 乙의 대리행위에 하자가 있는지 여부는 원칙적으로 乙을 표준으로 결정한다.

③ 丙이 乙을 기망함으로 인하여 발생하는 취소권은 甲에게 귀속된다.

④ 乙이 자신의 이익을 위하여 대리권을 함부로 사용하는 경우에는 丙이 그 사실을 알았거나 알 수 있었을 경우에는 무효인 대리행위가 된다.

⑤ 乙이 미성년자인 경우에 甲은 乙에게 행위능력이 없음을 이유로 乙이 한 대리행위를 취소할 수 있다.

핵심 정리

(1) 현명주의
- 현명하면 본인에게 효과 직접 귀속
- 묵시적 현명 가능
- 위임장 제시 = 현명
- 대리인이 본인이름 사용 = 현명

(2) 현명을 하지 않은 행위의 효과
- 대리인 자기를 위한 것으로 간주
- 상대방이 알거나 알 수 있었을 경우 본인에게 효과 귀속
- 대리인은 착오를 이유로 취소 불가능
- 표현대리에 의한 효과 발생 불가능

(3) 대리행위의 하자 판단
- 상대방이 본인 기망하면 취소 불가능
- 상대방이 대리인 기망하면 본인이 취소 가능
- 본인이 상대방 기망하면 상대방이 취소 가능
- 대리인이 상대방 기망하면 상대방이 취소 가능 (제3자 사기×)

(4) 대리권 남용
- 원칙적으로 유효 (유권대리)
- 상대방이 알거나 알 수 있었을 경우 무효
- 선의 제3자에게 대항 할 수 없음
- 임의대리와 법정대리에 모두 적용

Check Point

① 대리인이 자신의 이익을 위하여 대리권을 함부로 행사하였다면 원칙적으로 대리행위의 효력이 발생될 수 (있다. / 없다.)

② 甲의 대리인 乙이 한 대리행위가 하자가 있는지 여부는 원칙적으로 (甲 / 乙)을 표준으로 결정한다.

정답 17. ⑤

18. 복대리에 관한 설명으로 틀린 것은?

① 복대리인이 대리행위임을 표시하고 한 법률행위는 본인에게 직접 효과가 귀속된다.
② 법정대리인은 본인의 승낙이나 부득이한 사유가 있는 경우에 한하여 복대리인을 선임할 수 있다.
③ 대리인의 복대리인 선임행위는 대리행위에 해당하지 않는다.
④ 임의대리인이 본인의 승낙을 받아 복대리인을 선임하였다면 복대리인의 행위에 대하여 선임 감독상의 과실책임을 부담한다.
⑤ 대리인에 대한 파산선고가 있으면 복대리인의 대리권도 소멸한다.

핵심 정리

(1) **법정대리인의 복대리 선임과 책임**
 ① 자유롭게 복대리 선임
 ② 대리인의 책임
  − 원칙적 무과실 책임
  − 부득이하게 선임한 경우 선임감독상 과실책임

(2) **임의대리인의 복대리 선임과 책임**
 ① 본인의 승낙 또는 부득이한 사유가 있을 때 복대리 선임
 ② 대리인의 책임
  − 원칙적 선임감독상 과실책임
  − 본인 지명하여 선임한 경우 책임 감경

Check Point

① 복대리인은 대리인이 (본인 / <u>대리인</u>) 의 이름으로 선임한다.
② 복대리인이 대리행위를 하면 그 효과는 (<u>본인</u> / 대리인) 에게 귀속된다.
③ 복대리인은 성질상 항상 (법정대리인 / <u>임의대리인</u>) 이다.
④ (<u>법정대리인</u> / 임의대리인) 은 본인의 승낙이 있거나 부득이한 사유가 아니면 복대리인을 선임하지 못한다.
⑤ 임의대리인이 본인의 (<u>승낙을 얻어</u> / 지명에 의하여) 복대리인을 선임하였다면 복대리인의 행위에 대하여 선임, 감독상의 책임을 부담한다.

정답 18. ②

19. 乙은 대리권 없이 甲의 토지를 丙에게 매도하는 계약을 체결하였다. 이에 관한 설명으로 옳은 것은? (다툼이 있으면 판례에 의함)

① 甲이 丙에게 무권대리를 추인하면 乙의 대리행위는 추인한 때로부터 甲에게 효력이 생긴다.

② 甲이 乙의 대리행위 일부에 대하여 한 추인이 유효가 되기 위해서는 丙의 동의가 있어야 한다.

③ 甲이 사망하여 乙이 甲을 단독으로 상속하였다면 본인의 지위에서 거절권을 행사할 수 있다.

④ 丙이 乙에게 대리권이 없음을 알고 있었던 경우에도 철회권을 행사할 수 있다.

⑤ 乙에게 대리권이 없음을 알고 있었던 丙이 한 최고는 효력이 발생될 수 없다.

핵심 정리

(1) 본인의 추인권
- 철회가 있기 전까지 행사 가능
- 상대방이나 상대방의 승계인 또는 무권대리인에게도 추인 가능
- 무권대리인에게 한 추인은 상대방이 알아야 효력 발생
- 묵시적 추인 가능(단순방치는 추인 ×)
- 변경을 가한 추인은 상대방 동의 필요
- 추인하면 소급적 유효

(2) 상대방의 철회권
- 철회는 본인의 추인 전까지 가능
- 철회는 선의의 상대방만 가능(본인이 상대방 악의 입증)
- 본인 및 무권대리인에게 철회 가능

(3) 상대방의 최고권
- 최고는 선의 악의 상대방 모두 가능
- 최고는 본인에게만 행사 가능
- 본인이 확답을 발하지 않으면 거절

Check Point

① 무권대리는 본인이 추인하면 (추인한 때로부터 / <u>소급하여</u>) 효력이 발생된다.

② 甲이 (<u>매매 대금을 수령하였다면</u> / 무권대리를 알면서 장기간 이의를 제기하지 않았다면) 무권대리를 추인한 것으로 본다.

③ 상대방의 (<u>철회</u> / 최고) 는 상대방이 선의인 경우에만 가능하다.

④ 본인이 무권대리인에게 추인을 한 후에도 그 사실을 (알게 된 / <u>알지 못하고 있는</u>) 상대방은 철회권을 행사할 수 있다.

정답 19. ②

20. 乙은 대리권 없이 甲의 토지를 丙에게 매도하는 계약을 체결하였다. 이에 관한 설명으로 틀린 것은? (다툼이 있으면 판례에 의함)

① 甲이 乙에게 추인을 한 후에도 그 사실을 알지 못하는 丙은 철회권을 행사할 수 있다.

② 丙이 철회권을 행사하지 못하게 하기 위해서는 甲이 丙의 악의를 입증하여야 한다.

③ 甲이 추인을 하지 않은 경우에 乙이 丙에게 계약의 이행 또는 손해배상 중 어느 책임을 부담할 것인지는 丙의 선택에 따른다.

④ 乙에게 대리권 없음을 丙이 알거나 알 수 있었던 경우, 乙의 丙에 대한 책임은 면제된다.

⑤ 甲이 추인을 하지 않는 경우, 乙의 丙에 대한 책임이 인정되기 위해서는 乙에게 고의나 과실이 있어야 한다.

핵심 정리

(1) **무권대리인의 책임 요건**
- 상대방 선의 무과실
- 무권대리인 행위능력자
- 무권대리인의 고의나 과실 불필요(무과실 책임)

(2) **책임의 내용**
- 계약의 이행 또는 손해배상의 책임
- 상대방의 선택에 따라

Check Point

① 본인의 추인을 얻지 못한 무권대리인은 상대방에 대하여 (무권대리인의 / <u>상대방의</u>) 선택에 따라 계약의 이행 또는 손해배상의 책임이 있다.

② 무권대리인이 제3자의 기망이나 서류위조에 의하여 무권대리 행위를 한 경우, 상대방에 대한 책임이 면제 (된다. / <u>되지 않는다.</u>)

정답 20. ⑤

21. 표현대리에 관한 설명으로 틀린 것은? (다툼이 있으면 판례에 의함)

① 유권대리에 관한 주장에는 표현대리에 관한 주장이 포함될 수 없다.

② 표현대리가 성립하는 경우, 본인의 책임은 과실상계에 의하여 경감될 수 없다.

③ 법정대리인의 대리행위에 대하여 대리권 수여 표시에 의한 표현대리가 성립될 수 없다.

④ 대리인이 본인을 위한 것임을 표시하지 않은 행위에 대해서는 표현대리가 인정될 수 없다.

⑤ 이미 소멸한 대리권을 기본대리권으로 하여 권한을 넘은 표현대리가 인정될 수 없다.

핵심 정리

(1) **표현대리의 성질 및 효과**
- 유권대리 주장 ≠ 표현대리 주장
- 표현대리에도 철회권, 최고권, 추인권 인정
- 과실상계 적용 불가능
- 무권대리 직접 상대방 만 주장 가능
  cf) 본인이나 전득자는 표현대리 주장 불가능

(2) **표현대리 적용 범위**
- 수여 표시: 법정대리에 적용 ×
- 권한 넘은: 법정대리에 적용 ○
- 소멸 후의: 법정대리에 적용 ○

(3) **표현대리가 인정되지 않는 경우**
- 강행규정에 위반한 행위
- 현명을 하지 않은 행위

(4) **권한 넘은 표현대리의 기본대리권**
- 기본대리권과 권한 넘은 행위는 동종 유사일 필요 없음
- 공법행위 대리권, 등기신청 대리권
- 일상가사대리권
- 사자의 행위
- 복대리인의 대리권
- 소멸한 대리권

Check Point

① (공법행위 대리권 / 복대리권)도 권한을 넘은 표현대리의 기본대리권이 될 수 있다.

② (사자의 행위를 / 일상가사대리권을) 기본대리권으로 권한을 넘은 표현대리가 인정될 수 있다.

정답 21. ⑤

Chapter 04 | 법률행위의 무효와 취소

22. 법률행위의 무효에 관한 설명으로 틀린 것을 모두 고른 것은? (다툼이 있으면 판례에 의함)

> ㉠ 일부무효는 원칙적으로 전부 무효로 한다.
> ㉡ 무효인 법률행위는 당사자가 무효임을 알고 추인하면 소급하여 유효한 행위로 인정된다.
> ㉢ 강행규정에 위반한 법률행위도 당사자가 무효임을 알고 추인하면 새로운 법률행위로 본다.
> ㉣ 무권리자의 처분행위에 대하여 권리자 본인이 이를 추인하면 무권대리 추인과 마찬가지로 소급하여 추인의 효력이 발생된다.
> ㉤ 취소할 수 있는 법률행위를 취소한 후에도 무효행위 추인의 요건과 효과로서 추인할 수 있다.

① ㉠, ㉡ ② ㉡, ㉢

③ ㉠, ㉤ ④ ㉢, ㉣

⑤ ㉣, ㉤

핵심 정리

(1) **일부무효**
 - 원칙적 전부무효
 - 분할가능성 + 가정적의사 있으면 나머지 유효
 - 성질상 임의규정

(2) **무효행위 전환**
 - 무효인 법률행위 → 다른 법률행위
 - 불공정 행위 전환 가능

(3) **무효행위 추인**
 - 절대적 무효는 추인 불가능
 - 추인하면 추인한 때로부터 유효
  cf) 무권리자 처분행위 추인은 소급효 있음
 - 취소한 법률행위도 무효행위 추인 가능
 - 묵시적 방법으로 무효행위 추인 가능

Check Point

① 무효인 법률행위는 당사자가 무효임을 알고 추인하면 원칙적으로 (소급하여 / <u>추인한 이후부터</u>) 효력이 발생된다.

정답 22. ②

23. 취소에 관한 설명으로 틀린 것은? (다툼이 있으면 판례에 의함)

① 법률행위를 취소하면 처음부터 무효인 법률행위로 된다.

② 제한능력자가 한 법률행위가 취소되면 제한능력자는 현존이익을 한도로만 반환의무를 부담한다.

③ 제한능력자의 법률행위에 대하여 취소 원인 종료 전에 법정대리인이 한 추인은 효력이 발생될 수 없다.

④ 취소권을 행사할 수 있는 기간의 경과 여부는 당사자가 주장하지 않아도 법원이 이를 직권으로 조사할 수 있다.

⑤ 취소권자가 취소할 수 있는 행위를 적법하게 추인한 후에는 다시 그 법률행위를 취소할 수 없다.

핵심 정리

(1) **취소권자**
- 제한능력자
- 착오한 자
- 사기, 강박 당한 자
- 취소권자의 대리인
  주의) 임의대리인은 특별수권 필요
- 취소권자의 승계인
  주의) 취소권만의 승계는 불가능함

(2) **취소권 행사**
- 의사표시의 직접 상대방에게 행사
  cf) 전득자에게 행사 불가능
- 일부취소 가능

(3) **취소의 효과**
- 법률행위의 소급적 무효
- 선의자는 현존이익 한도 반환
- 악의자는 전부＋이자＋손해배상
  cf) 제한능력자는 선의 악의 모두 현존이익 한도로 반환

Check Point

① 제한능력자가 법률행위를 취소한 경우 제한능력자가 (선의인 / 악의인) 경우에 현존이익을 한도로만 부당이득반환의무를 부담한다.

② (미성년자는 / 미성년자의 법정대리인은) 취소 원인 종료하기 전에도 유효한 추인을 할 수 있다.

정답 23. ③

24. 甲이 乙을 기망하여 토지를 매도하였고, 乙은 그 후 기망행위가 있었음을 알게 되었다. 다음 설명 중 틀린 것은?

① 乙이 甲에게 매매대금을 지급한 경우에도 이의를 보류한 때에는 추인의 효과가 발생되지 않을 수 있다.

② 甲이 매매대금의 이행을 청구하였다면 甲과 乙의 매매 계약에 대한 추인이 있는 것으로 본다.

③ 甲이 乙에게 제공한 담보를 乙이 수령하였다면 乙의 취소권은 소멸한다.

④ 乙이 제3자 丙에게 토지를 대상으로 한 지상권을 설정해 준 경우, 법정추인으로 인정된다.

⑤ 甲과 乙의 합의에 의하여 乙이 X토지에 대한 대가를 금전 대신 Y건물로 이행하기로 한 경우, 법정추인으로 인정된다.

핵심 정리

(1) **취소할 수 있는 행위의 추인**
  - 추인은 취소원인 종료 후에 하여야 함
   cf) 법정대리인은 취소원인 종료 전에도 추인 가능
  - 취소할 수 있는 행위를 추인한 후에는 다시 취소할 수 없음

(2) **법정추인 사유**
  - 전부 또는 일부의 이행
  - 이행의 청구 (취소권자가 한 경우만)
  - 경개
  - 담보의 제공
  - 취득한 권리의 양도 (취소권자가 한 경우만)
  - 강제집행

Check Point

① 甲이 乙을 기망하여 매매 계약이 체결된 경우, 취소 원인 종료 후에 (甲이 / <u>乙이</u>) 상대방에게 계약의 이행을 청구하면 추인의 효력이 발생된다.

② 甲이 乙을 기망하여 매매 계약이 체결된 경우, 취소 원인 종료 후에 (甲이 / <u>乙이</u>) 제3자에게 취득한 권리를 양도하면 추인의 효력이 발생된다.

정답 24. ②

25. 甲은 법령상 토지거래허가구역 내의 자신의 토지에 대해 허가를 받지 않은 채 乙과 매매계약을 체결하고 계약금을 지급받았다. 다음 설명으로 틀린 것은? (다툼이 있으면 판례에 의함)

① 乙은 甲의 소유권이전의무 불이행을 이유로 손해배상을 청구할 수 없다.

② 乙은 甲의 협력의무 위반을 이유로 계약을 해제하고 손해배상을 청구할 수 있다.

③ 토지거래허가가 있은 후에도 甲은 계약금의 배액을 상환하고 계약을 해제할 수 있다.

④ 乙은 매매계약이 유동적 무효 상태에 있는 한 부당이득을 이유로 계약금의 반환을 청구할 수 없다.

⑤ 만일 甲과 乙의 계약이 토지거래허가 제도를 배제 잠탈할 목적으로 체결 된 것이라면, 그 후에 허가구역이 지정 해제 되더라도 유효한 계약이 될 수 없다.

핵심 정리

(1) **유동적 무효 중에 인정되는 권리**
- 협력의무 이행청구 (소구)
- 협력의무 위반에 따른 손해배상청구
- 협력청구권 보전을 위한 가처분
- 계약금에 의한 해제
- 의사표시 하자로 인한 취소

(2) **유동적 무효 중에 부정되는 권리**
- 계약 이행청구
- 계약 위반에 따른 해제, 손해배상청구
- 등기청구권 보전을 위한 가처분
- 협력의무 위반을 이유로 계약 해제
- 계약금에 대한 부당이득반환청구

Check Point

① 유동적 무효인 허가구역 내의 매매 계약의 경우 (매매대금 미지급 / 협력의무 불이행) 을 이유로 손해배상을 청구할 수 있다.

② 유동적 무효인 허가구역 내의 매매 계약의 경우 (계약 위반을 이유로 / 협력의무 위반을 이유로 / 계약금의 배액을 상환하고) 매매 계약을 해제할 수 있다.

③ 매매 계약이 (확정적으로 / 유동적으로) 무효인 경우, 계약금의 반환을 청구할 수 있다.

정답 25. ②

Chapter 05 조건과 기한

26. 법률행위의 조건에 관한 설명으로 옳은 것은? (다툼이 있으면 판례에 의함)

① 법률행위에 부가한 조건이 선량한 풍속 기타 사회질서에 위반한 사항인 경우, 그 조건만을 무효로 한다.

② 해제조건이 법률행위의 당시에 이미 성취할 수 없는 것인 경우에는 그 법률행위는 무효로 한다.

③ 조건부 권리는 조건의 성취여부가 미정인 동안에도 일반규정에 의해 처분, 상속, 보존, 담보로 할 수 있다.

④ 정지조건이 성취되면 법률행위가 성립된 때로부터 그 법률행위의 효력이 발생된다.

⑤ 조건 성취로 인하여 불이익을 받을 당사자가 과실로 신의성실에 반하여 조건의 성취를 방해한 때에는 상대방은 그 조건이 성취한 것으로 주장할 수 없다.

핵심 정리

(1) **가장조건**
 − 불법조건 : 법률행위 전체 무효
 − 기성 + 정지 = 조건없는 행위
 − 기성 + 해제 = 무효
 − 불능 + 정지 = 무효
 − 불능 + 해제 = 조건없는 행위

(2) **부관성취의 효과**
 − 조건성취의 효과는 원칙적 소급효×
  cf) 특약에 의하여 소급 부여 가능
 − 기한도래의 효과는 항상 소급효×

(3) **조건의 성취가 미정한 권리도**
 처분 상속 보존 담보로 할 수 있다.

Check Point

① 불법조건 붙은 법률행위는 (<u>법률행위 전부를</u> / 조건만을) 무효로 한다.

② 기성조건이 (정지조건 / <u>해제조건</u>) 이면 법률행위는 무효로 한다.

③ (<u>정지</u> / 해제) 조건이 성취되면 법률행위의 효력이 발생한다.

④ 정지조건이 성취되면 (법률행위 성립 당시 / <u>조건이 성취한 때</u>)부터 효력이 발생된다.

⑤ (<u>조건 성취의 효력</u> / 기한 도래의 효력)은 당사자의 특약에 의하여 소급효가 부여될 수 있다.

정답 26. ③

27. 기한에 관한 설명으로 틀린 것은? (다툼이 있으면 판례에 의함)

① 불확정한 사실이 발생한 때를 이행기한으로 정한 경우, 그 사실의 발생이 불가능하게 된 때에도 기한이 도래한 것으로 보아야 한다.

② 기한 도래의 효과는 당사자의 특약이 있으면 소급효가 인정될 수 있다.

③ 기한은 채무자의 이익을 위한 것으로 추정된다.

④ 채무자는 언제든지 기한의 이익을 포기할 수 있다.

⑤ 기한이익 상실특약은 특별한 사정이 없는 한 형성권적 기한이익 상실특약으로 추정된다.

핵심 정리

(1) **기한의 특징**
- 부관에 정해진 사실이 발생된 때에는 물론 발생이 불가능한 것으로 확인된 때에도 도래한 것으로 인정
- 항상 장래효

(2) **기한의 이익**
- 채무자를 위한 것으로 추정
- 기한의 이익 포기 가능

(3) **기한이익 상실특약**
① 정지조건부 기한이익 상실특약
- 채권자의 청구 불필요
② 형성권적 기한이익 상실특약
- 채권자의 청구 등 필요
③ 형성권적 기한이익 상실특약으로 추정

Check Point

② 기한의 이익은 (채권자 / <u>채무자</u>)를 위한 것으로 추정한다.

③ 기한이익상실 특약은 특별한 사정이 없는 한 (정지조건부 / <u>형성권적</u>) 기한이익 상실 특약으로 추정한다.

정답 27. ②

Chapter 06 　물권법 총론

28. 물권적청구권에 관한 다음 설명으로 틀린 것은? (다툼이 있으면 판례에 의함)

　① 소유권에 기한 물권적 청구권은 소유권과 분리하여 제3자에게 양도하지 못한다.

　② 매매 계약이 해제 된 경우, 매도인이 매수인에게 행사하는 말소등기청구권은 소멸시효에 걸리지 않는다.

　③ 甲이 乙에게 명의신탁한 부동산을 乙이 丙에게 처분하여 甲이 소유권을 상실하였는데, 우연히 乙이 그 부동산의 소유권을 회복한 경우, 甲은 乙명의 등기의 말소를 청구할 수 있다.

　④ 미등기 무허가 건물의 매수인은 매도인의 물권적청구권을 대위행사할 수 있다.

　⑤ 간접점유자도 물권적청구권의 상대방이 될 수 있으나 점유보조자는 물권적청구권의 상대방이 될 수 없다.

핵심 정리

(1) **물권적청구권의 성질**
　－ 물권과 분리양도 불가능
　－ 시효소멸 불가능

(2) **물권적청구권 규정**
　－ 저당권 지역권에 반환청구권 없음
　－ 유치권에 기한 물권적청구권 없음
　－ 방해예방청구권은 손해배상의 담보청구권과 함께 행사 불가능

(3) **물권적 청구권을 행사하는 자**
　－ 현재의 물권자(소유자)
　－ 소유권을 상실한자는 행사 불가능

(4) **물권적 청구권의 상대방**
　－ 현재의 침해자(점유자)
　－ 점유를 상실한 자에게 행사 불가능
　－ 간접점유자에게 행사 가능
　　cf) 점유보조자에게 행사 불가능

Check Point

① 미등기 매수인은 매매 목적물에 대한 불법점유자에게 (직접 / **매도인을 대위하여**) 반환을 청구할 수 있다.

② (**간접점유자** / 점유보조자) 도 물권적청구권의 상대방이 될 수 있다.

③ 유치권자가 점유를 침탈당한 경우, (**점유권에** / 유치권에) 기한 반환을 청구할 수 있다.

정답 28. ③

29. 甲소유 토지에 乙이 건물을 무단 건축한 경우에 관한 설명으로 틀린 것은? (다툼이 있으면 판례에 의함)

① 甲은 乙에게 건물의 철거를 청구할 수 있다.

② 甲은 乙에게 건물에서의 퇴거를 청구할 수 없다.

③ 甲은 乙에게 토지 사용에 대한 부당이득의 반환을 청구할 수 있다.

④ 甲은 乙로부터 건물을 매수하였으나 소유권이전등기를 경료 받지 않은 채 건물을 점유 사용하고 있는 丙에게 건물의 철거를 청구할 수 있다.

⑤ 甲은 건물을 철거하기 위하여 필요한 경우에도 乙로부터 건물을 임차하여 대항력을 취득한 丁에게 건물에서의 퇴출을 청구할 수 없다.

핵심 정리

(1) **철거청구의 당사자**
- 토지 소유자가 불법 건물 소유자에게

(2) **퇴거청구의 당사자**
- 건물 소유자가 건물 불법점유자에게

(3) **무단건축 건물 사례**
- 토지소유자는 건물소유자에게 철거청구 가능
- 토지소유자는 건물소유자에게 퇴거청구 불가능
- 토지소유자는 건물소유자에게 부당이득반환청구 가능

(4) 토지소유자는 무단건축된 건물의 미등기 매수인에게 철거청구 가능

(5) 토지소유자는 무단건축된 건물의 임차인에게 퇴출청구 가능

(6) 철거대상 건물이 공유인 경우 공유자 모두를 대상으로 철거판결 있어야 철거집행 가능

Check Point

① 토지 소유자는 그 지상에 무단건축된 건물의 소유자에게 (철거 / 퇴거)를 청구할 수 있다.

② 토지 소유자는 그 지상에 무단건축된 건물의 임차인에게 (철거 / 퇴거)를 청구할 수 있다.

정답 29. ⑤

30. 부동산 물권변동에 관한 설명 중 틀린 것은? (다툼이 있는 경우 판례에 의함)

① 건물을 신축한 자는 등기를 경료하지 않아도 완성된 건물의 소유권을 취득한다.

② 건물 전세권이 법정갱신 된 경우 전세권자는 등기 없이도 전세권의 목적물을 양수한 제3자에게 갱신된 권리를 주장할 수 있다.

③ 미등기 부동산의 점유자는 점유취득시효 기간의 완성만으로 등기 없이 소유권을 취득한다.

④ 공유자 중 1인이 포기한 지분이 다른 공유자에게 지분의 비율로 귀속되기 위해서는 등기를 필요로 한다.

⑤ 소유권이전등기청구 소송에서 승소판결이 확정된 경우에도 등기하여야 소유권을 취득한다.

핵심 정리

(1) **법률행위에 의한 부동산 물권변동**
- 원칙적 등기 필요
  - ex) 매매, 교환, 공유물분할협의, 공유 (합유)지분 포기
- 예외적 등기 불필요
  - ex) 해제, 취소

(2) **법률 규정에 의한 부동산 물권변동**
- 원칙적 등기 불필요
  - ex) 법정지상권 취득, 전세권의 법정갱신, 혼동에 의한 물권의 소멸
- 예외적 등기 필요
  - ex) 점유취득시효

(3) **판결에 의한 물권변동**
- 공유물분할판결
  - ⇨ 등기 불필요
- 소유권이전등기 명하는 판결
  - ⇨ 등기 필요

(4) **기타 등기를 필요로 하지 않는 경우**
- 신축건물의 소유권 취득
- 집합건물의 구분소유권 성립
- 존속기간 만료로 인한 용익물권 소멸
- 채권 소멸로 인한 담보물권 소멸
- 점유권, 유치권, 분묘기지권 취득

Check Point

① 공유 부동산을 (협의 / 분할 판결)에 의하여 분할한 경우 물권변동의 효력은 등기를 필요로 한다.

② 법정지상권을 (최초로 취득한 자 / 건물과 함께 양수한 자) 는 등기하지 않아도 법정지상권을 취득한다.

정답 30. ③

31. 등기에 관한 설명으로 틀린 것은? (다툼이 있으면 판례에 의함)

① 등기가 불법으로 말소되더라도 물권이 소멸되는 것은 아니다.

② 미등기 건물의 원시취득자와 그 승계취득자의 합의에 의해 직접 승계취득자 명의로 경료 한 소유권보존등기는 효력이 없다.

③ 멸실된 건물의 소유권보존등기를 새로 신축한 건물의 보존등기로 유용하는 것은 허용되지 않는다.

④ 건물의 완성 전에 경료 한 보존등기도 나중에 건물이 완성된 이상 효력이 발생될 수 있다.

⑤ 전세권의 존속기간이 시작되기 전에 경료 된 전세권설정등기도 효력이 발생될 수 있다.

핵심 정리

(1) **중복등기의 유효성**
 - 동일인 명의의 중복 보존등기는 후 등기 무효
 - 명의인이 다른 중복 보존등기는 선등기가 원인무효가 아닌 한 후 등기 무효

(2) **무효등기의 유용**
 - 사항란 등기는 이해관계인 없으면 무효등기 유용 가능
 - 멸실건물 보존등기는 신축건물 등기로 유용할 수 없음

(3) **실체관계에 부합하는 등기**
 - 등기절차나 표기에 잘못이 있더라도 실체관계에 부합하는 등기는 유효
 - 증여를 합의하고 매매를 표시하여 한 소유권이전등기
 - 건물 완공 전에 먼저 경료 한 보존등기
 - 매수인 명의로 경료 한 보존등기
 - 기간 시작 전에 한 전세권등기

Check Point

① 甲이 1순위 저당권을 취득한 후에 (이해관계인이 없으면 / 乙이 2순위 저당권을 취득한 경우), 변제로 무효가 된 甲의 저당권을 새로운 채권을 위하여 유용할 수 있다.

정답 31. ②

32. 乙이 甲소유의 부동산을 매수한 후 다시 丙에게 매도하고 인도하였는데, 등기는 아직 甲명의로 남아 있다. 다음 설명으로 옳은 것은? (다툼이 있으면 판례에 의함)

① 甲·乙·丙 전원이 중간생략등기에 관하여 합의하더라도 丙은 직접 甲에게 소유권이전등기를 청구할 수 없다.

② 甲·乙·丙 사이의 중간생략등기의 합의 없이 丙명의로 등기가 경료되면, 그 등기는 효력이 없다.

③ 만일 X토지가 토지거래허가구역 내의 토지라면 甲과 丙을 당사자로 허가를 받아 丙명의로 등기가 경료되더라도 丙은 소유권을 취득하지 못한다.

④ 甲·乙·丙 사이의 중간생략등기가 합의가 있었다면 甲은 乙이 매매대금을 지급하지 않았음을 이유로 丙의 소유권이전등기청구를 거절할 수 없다.

⑤ 乙이 甲에 대한 소유권이전등기청구권을 丙에게 양도하고 이를 甲에게 통지하였다면, 丙은 甲의 동의가 없어도 甲에게 직접 소유권이전등기를 청구할 수 있다.

핵심 정리

(1) **이미 경료 된 중간생략등기의 효력**
  - 원칙적 유효
    cf) 토지거래허가구역 내에서는 무효

(2) **최종매수인의 최초매도인에 대한 등기청구권**
  - 원칙적 불가능
    cf) 당사자 전원 합의가 있으면 가능

(3) **관련 지문**
  - 중간생략등기 전원합의 있어도 중간 매수인의 등기청구권은 소멸하지 않음
  - 최초매도인은 대금 완납 받을 때까지 등기 이전을 거절할 수 있음
  - 중간매수인이 등기청구권을 양도하기 위해서는 매도인의 승낙 필요
  - 전원합의 여부와 관계없이 최종매수인은 매도인을 대위하여 최초매도인에게 등기청구 가능

Check Point

① 甲에서 丙으로 직접 경료 된 소유권이전등기는 (당사자 전원의 합의가 없으면 / <u>토지거래 허가구역 내에서는</u>) 효력이 없다.

정답 32. ③

33. 甲으로부터 X토지를 매수한 乙은 등기하지 않은 상태로 같은 토지를 丙에게 매도하기로 약정하였다. 다음 중 틀린 것은? (다툼이 있으면 판례에 의함)

① 丙은 乙을 대위하여 甲에게 소유권이전등기를 청구할 수 있다.

② 당사자 사이에 중간생략등기에 관한 전원합의가 있는 경우에도 乙의 甲에 대한 등기청구권이 소멸하는 것은 아니다.

③ 丙은 甲에게 진정명의 회복을 원인으로 하여 소유권이전등기를 청구할 수 있다.

④ 甲은 등기하지 않고 X토지를 매수하여 점유하고 있는 丙에게 토지의 반환을 청구할 수 없다.

⑤ 丙이 乙로부터 X토지를 매수하여 점유를 계속하는 동안에는 乙의 甲에 대한 등기청구권은 소멸시효가 진행되지 않는다.

핵심 정리

(1) **매수인의 등기청구권 소멸시효**
- 매수인이 점유하는 동안
  ⇨ 소멸시효 진행 ×
- 매수인이 점유 상실하면
  ⇨ 소멸시효 진행 ○
- 매수인이 처분하여 전득자가 점유하는 경우 ⇨ 소멸시효 진행 ×

(2) **등기를 이전하기 전 매도인의 지위**
- 제3자를 상대로 물권적청구권 행사 가능
- 매수인 및 전득자를 상대로 물권적 청구권 행사 불가능

(3) **등기청구권 양도**
- 매수인의 등기청구권 양도
  ⇨ 매도인 동의 필요
- 취득시효 완성자의 등기청구권 양도
  ⇨ 소유자 동의 불필요

Check Point

① 매수인의 등기청구권은 매수인이 (<u>점유사용 하는 동안</u> / 점유를 상실하더라도) 소멸시효가 진행되지 않는다.

② 매매 계약 체결 후 매수인 명의로 소유권 이전등기가 경료되지 않았다면 매도인은 (매수인 / <u>제3자</u>)를 상대로 소유물반환청구권을 행사할 수 있다.

③ (<u>매수인이</u> / 점유취득시효 완성자가) 등기청구권을 제3자에게 양도하기 위해서는 등기의무자의 동의를 받아야 한다.

정답 33. ③

34. 등기청구권에 관한 설명으로 **틀린** 것은? (다툼이 있으면 판례에 의함)

① 양도담보설정자가 채무변제를 완료한 후에 채권자에게 행사하는 담보 목적의 소유권이전등기 말소등기청구권은 소멸시효에 걸리지 않는다.

② 가등기에 기한 본등기청구권은 소멸시효에 의하여 소멸할 수 있다.

③ 점유취득시효를 원인으로 한 소유권이전등기청구권은 시효완성자가 점유를 상실하면 그 즉시 소멸한다.

④ 점유취득시효 완성에 의한 소유권이전등기청구권을 양도하기 위하여 등기의무자인 소유자의 동의를 얻을 필요가 없다.

⑤ 근저당권 설정 후 부동산 소유권이 이전된 경우 목적물의 소유권을 상실한 근저당권 설정자도 근저당권설정등기의 말소를 청구할 수 있다.

핵심 정리

(1) **물권적 등기청구권 : 시효소멸 불가능**
 − 매매 계약이 해제 또는 취소된 경우 매도인의 매수인에 대한 말소등기청구권
 − 양도담보설정자의 양도담보권자에 대한 말소등기청구권
 − 양자간 명의신탁의 경우 신탁자의 수탁자에 대한 등기청구권
 − 진정명의회복을 원인으로 한 소유권이전등기청구권

(2) **채권적 등기청구권 : 시효소멸 가능**
 − 매수인의 소유권이전등기청구권
 − 점유취득시효 완성자의 소유권이전등기청구권

(3) **저당권설정등기 말소등기 청구**
 − 소유권을 상실한 저당권설정자의 말소등기청구권은 채권적청구권
 − 현재 소유자의 말소등기청구권은 물권적청구권

Check Point

① 등기청구권의 성질이 (물권적청구권 / <u>채권적청구권</u>)인 경우 소멸시효의 대상이 된다.

② 무효가 된 저당권설정등기는 (<u>소유권을 상실한 저당권설정자</u> / <u>현 소유자</u>) 가 말소등기를 청구할 수 있다.

정답 34. ③

35. 甲소유의 X토지에 乙명의로 가등기가 경료 된 후 甲에서 丙 명의의 매매를 원인으로 한 소유권이전등기가 경료 되었다. 이 경우에 대한 설명 중 틀린 것은?
(다툼이 있는 경우 판례에 의함)

① 乙의 가등기에는 소유권이전등기를 청구할 수 있는 적법한 권원이 있을 것이라는 추정력이 인정된다.

② 乙이 본등기를 하려면 甲에게 청구하여야 한다.

③ 乙이 본등기를 경료하면 乙은 본등기 시점에 소유권을 취득하는 것으로 된다.

④ 乙이 가등기에 기하여 본등기를 경료하지 않고 다른 원인에 의하여 소유권이전등기를 경료받았다면 가등기에 기한 본등기청구권은 혼동으로 소멸하지 않는다.

⑤ 만일 乙의 가등기가 채권담보 목적으로 경료 된 것이고 X토지가 경매되면 가등기는 경매로 소멸한다.

핵심 정리

(1) **본등기전**
- 가등기에 추정력 없음
- 소유권 및 물권적청구권 없음
- 가등기상의 권리를 부기등기 방법으로 이전 가능

(2) **본등기 후**
- 순위는 가등기 기준
- 물권변동의 효력은 본등기 기준

(3) **본등기청구권**
- 성질상 채권적청구권
- 가등기설정 당시의 소유자를 상대로

Check Point

① 가등기가 경료된 부동산에 원인무효의 등기가 경료 된 경우, (현 소유자가 / 가등기권리자가) 무효등기의 말소를 청구할 수 있다.

② 甲소유의 부동산에 乙이 가등기를 경료 받은 후 그 부동산의 소유자가 丙으로 변경되었다면 乙은 (甲에게 / 丙에게) 본등기를 청구하여야 한다.

③ 가등기에 기한 본등기가 이루어지면 (가등기 / 본등기) 시점에 물권변동의 효력이 발생된다.

정답 35. ①

36. 등기의 추정력에 관한 설명으로 틀린 것은? (다툼이 있으면 판례에 의함)

① 소유권이전등기가 원인 없이 말소 된 것으로 밝혀진 경우, 말소된 등기의 최종명의인은 그 회복등기가 경료되기 전이라도 적법한 권리자로 추정된다.

② 등기명의자가 등기부에 기재된 것과 다른 원인으로 등기 명의를 취득하였다고 주장하고 있지만 그 주장 사실이 인정되지 않는다 하여도 그 자체로 추정력이 깨어진다고 할 수 없다.

③ 소유권이전등기의 추정력은 제3자에 대해서는 주장할 수 있지만 이전등기의 무효를 주장하고 있는 전 소유자에 대하여는 주장하지 못한다.

④ 점유취득시효 완성에 의한 소유권이전등기가 마쳐진 경우 적법한 등기원인에 따라 소유권을 취득한 것으로 추정된다.

⑤ 사망자를 등기 의무자로 하여 소유권 이전등기를 경료 받은 자는 스스로 그 등기의 유효를 입증하여야 한다.

핵심 정리

(1) **등기 추정력의 개념**
- 등기의 무효를 주장하는 자에게 입증책임 부과
- 등기 명의인이 주장하는 사실이 인정되지 않더라도 추정력 유지
- 소유권이전등기가 원인 없이 말소된 것으로 밝혀진 경우 말소 전 최종 명의인이 소유자로 추정

(2) **추정력의 범위**
- 가등기에 추정력 없음
- 등기 원인, 절차, 권리적법 추정 됨
- 제3자뿐 아니라 전 소유자에게 추정력 주장 가능

(3) **개별적인 추정력 판단**
- 근저당권 설정등기에 피담보채권의 존재 추정됨
  - cf) 기본계약의 존재는 추정되지 않음
- 사망자를 의무자로 경료 된 소유권이전등기는 추정력 없음
  - cf) 생존 중에 등기 원인 완성되어 있었으면 추정력 인정

Check Point

① 근저당권설정등기가 경료되어 있으면 (<u>피담보채권의</u> / 기본계약의) 존재가 추정된다.

정답 36. ③

37. 혼동에 의한 물권의 소멸에 관한 설명으로 틀린 것은? (다툼이 있으면 판례에 의함)

① 전세권자가 전세권의 목적인 건물의 소유권을 취득하면 전세권은 말소등기를 하지 않아도 소멸한다.

② 지상권이 저당권의 목적인 경우 지상권자가 그 토지의 소유권을 취득하여도 지상권은 소멸하지 않는다.

③ 甲이 1번 저당권을 취득한 후 乙이 2번 저당권을 취득한 부동산을 甲이 소유권을 취득하면 甲의 저당권은 혼동으로 소멸하지 않는다.

④ 주택 임차인이 대항력을 취득한 뒤에 저당권이 설정되고 이어서 임차인이 같은 주택의 소유권을 취득하면 임차권은 소멸한다.

⑤ 근저당권자가 소유권을 취득하면 그 근저당권은 혼동에 의하여 소멸하지만, 그 후 그 소유권 취득이 무효인 것으로 밝혀지면 소멸하였던 근저당권은 부활한다.

핵심 정리

⑴ **지상권자가 소유권 취득한 경우**
- 원칙적으로 지상권 소멸
- 저당권의 목적이 된 지상권은 존속
- 지상권자가 양도담보권 취득한 경우지상권 존속

⑵ **甲이 1번 저당권, 乙이 2번 저당권인 경우**
- 甲이 소유권 취득하면 1번 저당권은 존속
- 乙이 소유권 취득하면 2번 저당권은 소멸

⑶ **임차권자가 소유권 취득한 경우**
- 원칙적으로 임차권 소멸
- 후순위 저당권이 있으면 임차권 존속

⑷ **혼동으로 소멸하지 않는 권리**
- 점유권
- 가등기에 기한 본등기청구권

⑸ **저당권자가 소유권 취득하였다가 소유권 취득이 무효로 밝혀지면 소멸하였던 저당권 부활**

Check Point

① 지상권이 저당권의 목적이 (된 / 되지 않은) 상태에서 지상권자가 토지의 소유권을 취득하면 지상권은 혼동으로 소멸한다.

② 甲이 1번 저당권, 乙이 2번 저당권을 설정한 부동산을 (甲 / 乙)이 소유권을 취득하였다면 그의 저당권은 혼동으로 소멸한다.

정답 37. ④

Chapter 07 점유권

38. 점유에 관한 설명으로 **틀린** 것은? (다툼이 있으면 판례에 의함)

① 소유권보존등기 명의자는 등기가 경료 될 무렵 타인으로부터 점유를 이전 받은 것으로 인정될 수 없다.

② 건물소유자는 현실적으로 건물이나 그 부지를 점거하지 않더라도 건물의 부지에 대한 점유자로 인정된다.

③ 타인의 지시를 받아 물건의 사실상 지배하는 자는 점유방해자에 대하여 점유보호청구권을 행사할 수 없다.

④ 점유자는 소유의 의사로, 선의이며 과실없이 점유한 것으로 추정된다.

⑤ 점유자가 전 점유자의 점유를 아울러 주장하는 경우에는 하자도 승계하여야 한다.

핵심 정리

(1) **간접점유자**
- 타인에게 점유를 하게 한 자
- 점유권 및 점유보호청구권 인정
- 자력구제권 부정

(2) **점유보조자**
- 타인의 지시를 받아 사실상지배를 하는 자
- 점유권 및 점유보호청구권 부정
- 자력구제권 인정

(3) **소유권이전등기를 받은 자는 그 무렵 점유를 이전 받은 것으로 인정 ○**
- cf) 소유권보존등기를 받은 자는 그 무렵 점유를 이전 받은 것으로 인정 ×

(4) **점유의 추정력**
- 자주, 평온, 공연, 선의 추정○
  - cf) 무과실 추정×
- 점유계속 추정○
- 권리적법 추정은 동산에만 적용

Check Point

① (<u>간접점유자</u> / 점유보조자)도 점유보호청구권을 행사할 수 있다.

② 소유권 (보존 / <u>이전</u>)등기 명의자는 그 무렵 점유를 이전받은 것으로 인정될 수 있다.

③ 점유자는 (<u>소유의 의사로</u> / <u>평온</u> / <u>공연</u> / <u>선의로</u> / 과실없이) 점유한 것으로 추정된다.

정답 38. ④

39. 점유에 관한 다음 설명 중 틀린 것은? (다툼이 있으면 판례에 의함)

① 점유자가 매매와 같은 자주점유의 권원을 주장하였으나 이것이 인정되지 않는다는 사실 만으로는 자주점유의 추정이 번복되지 않는다.

② 공유자 1인이 공유토지 전부를 점유하는 경우 다른 공유자의 지분 비율 범위 내에서는 타주점유에 해당한다.

③ 계약명의신탁에서 신탁자가 목적물을 점유하는 경우 이는 성질상 자주점유에 해당한다.

④ 타주점유자를 상속한 자는 특별한 사정이 없는 한 자신만의 점유를 분리하여 자주점유를 주장할 수 없다.

⑤ 타인의 토지를 점유할 권원이 없음을 알면서 무단 점유한 것이 입증된 경우 자주점유 추정은 깨어진다.

핵심 정리

(1) **자주점유의 개념**
  − 소유를 하려는 의사가 있는 점유
  − 권원의 성질에 따라 객관적으로 판단
  − 권원이 불분명한 경우 자주점유로 추정

(2) **타주점유인 경우**
  − 임차인, 지상권자, 전세권자
  − 분묘기지권자, 명의수탁자
  − 양자간 명의신탁의 신탁자
  − 악의의 무단점유자
  − 공유자 (타인지분비율 범위)

(3) **매수인의 점유**
  − 원칙적으로 자주
  − 무효임을 알고 매수한 자는 타주
  − 인접 토지를 상당히 많이 침범한 경우 타주

(4) **소유자가 소제기 하여 승소한 경우**
  − 소제기시부터 악의 점유로 전환
  − 판결확정시부터 타주 점유로 전환
    cf) 점유자가 소제기 하여 패소한 경우 자주점유 추정 유지

Check Point

① 매매 계약이 무효인 경우, 그 사실을 (알고 / <u>모르고</u>) 매수하여 점유하는 자는 자주점유로 인정된다.

② 공유자 중 1인이 공유물 전체를 점유하는 경우, (자기 지분 / <u>다른 공유자의 지분</u>) 비율 범위 내에서는 타주점유에 해당한다.

정답 39. ③

40. 점유자와 회복자의 관계에 관한 다음 설명 중 옳은 것은? (다툼이 있으면 판례에 의함)

① 선의의 점유자가 과실을 취득함으로 인하여 회복자에게 손해를 가하더라도 이를 회복자에게 반환할 필요가 없다.

② 선의 점유자가 본권의 소에서 패소하더라도 소 제기 이후 판결 확정 이전의 과실은 취득할 수 있다.

③ 점유물이 점유자의 책임 있는 사유로 멸실 훼손 된 때에는 점유자가 선의라면 소유의 의사가 없는 경우에도 현존이익 만을 반환하면 된다.

④ 필요비는 가액의 증가가 현존하는 경우에 한하여 청구할 수 있다.

⑤ 점유자가 목적물에 지출한 필요비는 지출 즉시 회복자에게 상환을 청구할 수 있다.

핵심 정리

(1) **과실취득권**
- 선의 점유자 과실 취득(부당이득반환×)
  cf) 불법행위 책임은 발생될 수 있음
- 악의 점유자 과실 반환 또는 보상
  cf) 점유자 귀책사유 없으면 보상×
- 물건의 사용이익도 과실로 취급함

(2) **멸실 훼손에 대한 손해배상**
- 선의 자주 점유자 : 현존이익 배상
- 선의 타주 점유자 : 모든 손해 배상
- 악의 점유자 : 모든 손해 배상
  cf) 점유자 귀책사유 없으면 배상×

Check Point

① 선의 점유자가 본권의 소송에서 패소한 때에는 (<u>소가 제기 된</u> / 판결이 확정된) 때로부터 악의 점유자로 본다.

② 자주 점유자가 본권의 소송에서 패소한 때에는 (소가 제기 된 / <u>판결이 확정된</u>) 때로부터 악의 점유자로 본다.

③ 악의 점유자가 (과실없이 / <u>과실로</u>) 수취하지 못한 과실이 있으면 회복자에게 그 가액을 보상하여야 한다.

④ 선의 (<u>자주</u> / 타주) 점유자가 점유물을 멸실 훼손한 경우, 회복자에 대하여 현존이익을 한도로 손해배상의 책임을 부담한다.

정답 40. ①

41. 甲이 乙에게 건물을 매도하고 소유권이전등기 및 점유를 이전하였다가 매매 계약이 취소되었다. 다음 중 틀린 것은? (다툼이 있으면 판례에 의함)

① 乙이 선의이고 건물을 사용하면서 이익을 누렸다면, 乙은 甲에게 통상의 필요비를 청구할 수 없다.

② 乙이 악의 점유자이고 목적물에서 과실을 취득하지 않았다면 乙은 甲에게 통상의 필요비를 청구할 수 없다.

③ 甲이 乙에게 소유권이전등기의 말소만을 청구하고 있을 뿐 점유의 반환을 청구하고 있지 않다면 乙은 유익비상환청구권을 행사할 수 없다.

④ 乙은 甲의 선택에 따라 건물에 지출한 유익비 또는 건물의 증가액 중 하나를 甲에게 청구할 수 있다.

⑤ 유익비 상환에 관하여 기간을 허여하는 판결이 있으면 乙은 유익비상환청구권을 피담보채권으로 유치권을 주장할 수 없다.

핵심 정리

(1) **비용상환청구권**
  − 점유자 선의 악의 구분 없이 가능
  − 점유물을 실제로 반환할 때 행사가능
  − 다른 계약관계 없을 때 점유회복관계 적용
  − 유치권의 피담보채권이 될 수 있음
    cf) 유익비 상환기간 허여되면 유치권 부정

(2) **필요비**
  − 과실취득하면 통상 필요비 청구 불가능

(3) **유익비**
  − 가액증가 현존시에 청구 가능
  − 지출액과 증가액 중 선택
  − 회복자의 선택
  − 법원의 상환기간 허여 가능

Check Point

① 점유자의 비용상환청구권은 점유자가 (<u>선의</u> / <u>악의</u>) 인 경우에 행사할 수 있다.

② 점유자의 회복자에 대한 비용상환청구권은 비용을 (지출한 즉시 / <u>목적물을 반환할 때</u>) 행사할 수 있다.

③ (필요비 / <u>유익비</u>)에 대하여서는 가액의 증가가 현존하는 경우에 한하여 상환을 청구할 수 있다.

④ 점유자가 유익비를 지출한 경우, (자신의 / <u>회복자</u>) 선택에 따라 지출액 또는 증가액 중 하나를 청구할 수 있다.

정답 41. ②

42. 점유보호청구권에 관한 설명으로 **틀린** 것은? (다툼이 있으면 판례에 의함)

① 직접점유자가 간접점유자의 의사에 반하여 제3자에게 점유를 이전한 경우 간접점유자는 제3자에게 점유물반환청구권을 행사할 수 있다.

② 점유침탈자로부터 그 물건을 선의로 매수하여 점유하고 있는 자를 상대로 점유물반환청구권을 행사할 수 없다.

③ 점유물반환청구권은 소송상의 방법으로만 행사할 수 있다.

④ 점유의 방해가 있는 경우 손해배상청구권은 방해가 종료한 날로부터 1년 이내에 행사하여야 한다.

⑤ 점유물방해예방청구권은 방해의 염려가 있는 동안은 언제든지 행사할 수 있다.

핵심 정리

(1) **점유물반환청구권**
- 점유가 침탈된 경우에만 청구 가능
  cf) 사기, 횡령의 경우 청구 불가
- 선의의 특별승계인에게 행사 불가능
- 제척기간 1년 (직권조사)
- 출소기간 1년 (소송상으로만 행사)
- 침탈자에게 고의 과실이 없어도 인정

(2) **방해제거 및 손해배상청구권**
- 방해가 종료한 날로부터 1년간 행사
- 공사 착수 후 1년 또는 완공시까지

(3) **방해예방 또는 손해배상의 담보청구권**
- 예방청구는 언제든지 행사 가능
- 공사 착수 후 1년 또는 완공시까지

Check Point

① 상대방의 (<u>침탈</u> / 사기)에 의하여 점유를 이전한 점유자는 점유물반환청구권을 행사할 수 있다.

② 점유물반환청구권은 (<u>소송상의</u> / 소송 외의) 방법으로 행사하여야 한다.

③ 점유물반환청구권은 점유침탈자의 (<u>선의의 특별승계인</u> / 악의의 특별승계인 / 포괄승계인)에게는 행사하지 못한다.

④ 점유자가 방해를 받을 우려가 있는 경우 방해의 예방 (<u>또는</u> / 과 함께) 손해배상의 담보를 청구할 수 있다.

정답 42. ①

Chapter 08 소유권

43. 주위토지통행권에 관한 설명으로 틀린 것은? (다툼이 있으면 판례에 의함)

① 공로에 접하는 기존의 통로가 있더라도 그 통로가 충분한 기능을 하지 못하는 경우에는 새로운 통행권을 인정할 수 있다.

② 통행지 소유자가 주위토지통행권의 행사에 방해가 되는 담장을 축조하였다면 그 철거 의무를 부담한다.

③ 주위토지통행권의 범위는 토지의 장래 이용 상황까지 미리 대비하여 결정할 필요는 없다.

④ 통행지 소유자는 통행권자의 허락을 얻어 사실상 통행하는 자에게 손해보상을 청구할 수 없다.

⑤ 공유물분할로 인하여 무상의 주위토지통행권이 발생되면 포위된 토지의 특별승계인에게도 무상의 주위토지통행권이 인정된다.

핵심 정리

(1) **주위토지통행권자**
- 포위된 토지의 소유자, 지상권자, 임차인 등
  cf) 포위된 토지의 명의신탁자×

(2) **공로에 접하는 통로가 있는 경우**
- 기존 통로가 충분한 기능을 못하면 새로운 통로 인정
- 기존 통로보다 편하다는 이유로 새로운 통로 부정

(3) **통행권의 범위**
- 장래 이용상황 고려×
- 건축법상 도로폭 규정 보장×

(4) **통행료**
- 유상이 원칙
  cf) 통행권자 허락받고 통행하는 자에게 통행료 청구 불가능
- 분할이나 일부양도의 경우 무상
  cf) 분할이나 일부양도 이후의 특정승계인에게는 유상

Check Point

① 공로에 접하는 통로가 있는 경우, (<u>그 통로가 충분한 기능을 못한다면</u> / 보다 편리하다는 이유로) 새로운 통행권이 인정될 수 있다.

② 공유 토지 분할로 인한 무상의 통행권은 (<u>분할의 당사자 사이에서만</u> / 분할된 토지의 특정승계인에게도) 적용된다.

정답 43. ⑤

44. 소유권에 관한 설명으로 틀린 것은? (다툼이 있으면 판례에 의함)

① 소유권의 사용 수익 권능만을 대세적 영구적으로 포기하는 것은 허용되지 않는다.

② 유실물은 관련 법률에 따라 1년간 공고한 후 소유자가 나타나지 않으면 습득자의 소유가 된다.

③ 건물은 무단건축의 경우에도 토지에 부합되지 않는다.

④ 증축된 부분이 구조적으로 독립성이 없어 기존 건물에 부합되었으나 기존 건물의 경매절차에서 경매 목적물로 표시되지 않은 경우에도 경락인이 증축부분의 소유권을 취득할 수 있다.

⑤ 토지 소유자의 승낙을 받음이 없이 임차인의 허락을 받아 식재한 수목은 토지 소유자의 소유로 된다.

핵심 정리

(1) 유실물 공고기간 : 6월

   cf) 매장물 공고기간 : 1년

(2) 부합

   ① 토지 + 건물 = 건물 신축자 소유

   ② 토지 + 농작물 = 농작물 경작자 소유

   ③ 토지 + 수목

   – 식재 권한 ○ : 식재자 소유

   – 식재 권한 × : 토지소유자 소유

(3) 증축으로 인한 부합

   – 독립성 없는 증축 : 기존건물에 부합

   – 권한 없는 증축 : 기존건물에 부합

   – 독립성, 권한 모두 있는 경우 증축 부분은 증축자 소유

Check Point

① 부동산에 부합한 동산이 부동산의 가격을 초과하는 경우, 부합물의 소유권은 (부동산 / 동산)의 소유자가 취득한다.

② 타인의 토지에 권한 없이 (축조한 건물 / 식재한 수목 / 경작한 농작물)은 토지에 부합하여 토지 소유자의 소유로 된다.

③ 권원에 의하여 증축한 건물이 구조상 이용상 독립성을 (갖춘 경우 / 갖추지 못한 경우) 증축부분에는 별개의 소유권이 인정된다.

정답 44. ②

45. 乙은 甲소유의 토지를 소유의 의사로 평온, 공연하게 점유하고 있다. 다음 설명으로 틀린 것은? (다툼이 있으면 판례에 의함)

① 점유취득시효 기간 진행 중에 甲이 丙에게 토지의 소유권을 이전한 것만으로는 취득시효를 중단시킬 사유가 될 수 없다.

② 乙이 점유취득시효를 완성한 후에 甲이 파산선고를 받은 경우, 乙은 파산관재인에게 소유권이전등기를 청구할 수 없다.

③ 乙의 점유가 20년간 계속된 후에 甲으로부터 토지를 명의신탁 받은 자를 상대로 직접 소유권이전등기를 청구할 수 없다.

④ ③의 경우 어떠한 사유로 甲이 등기 명의를 회복하더라도 乙은 甲에게 소유권이전등기를 청구할 수 없다.

⑤ 乙이 취득시효를 완성한 후에 乙로부터 점유를 승계한 자는 乙의 甲에 대한 등기청구권을 대위 행사할 수 있다.

핵심 정리

(1) **시효완성 전에 소유자 변경된 경우**
 시효완성 당시의 소유자에게 등기청구 가능

(2) **시효완성 후에 소유자 변경된 경우**
 변경된 소유자에게 등기청구 불가능
 시효완성당시 소유자가 등기 회복하면 등기청구 가능
 소유자 변경 후 다시 20년 점유하면 2차 취득시효에 의한 등기청구 가능

(3) **시효완성 전에 점유자 변경된 경우**
 전 점유자의 점유를 병합하여 취득시효 주장 가능

(4) **시효완성 후에 점유자 변경된 경우**
 시효완성 후에 점유를 승계한 자는 시효완성 당시의 소유자에게 직접 등기청구 불가능
 시효완성 당시의 점유자를 대위하여 등기청구 가능

Check Point

① 점유취득시효 완성 (전 / 후)에 등기 명의인이 변경된 경우, 점유취득시효 완성에 의한 소유권이전등기청구권을 변경된 명의인에게 행사할 수 있다.

② 점유취득시효 완성 후에 시효완성자로부터 점유를 승계한 자는 소유자에게 (직접 / 시효완성자를 대위하여) 소유권이전등기를 청구할 수 있다.

정답 45. ④

46. 乙은 甲소유의 토지를 20년간 소유의 의사로 평온·공연하게 점유하였음을 이유로 甲에게 소유권이전등기를 청구할 수 있게 되었으나 아직 등기를 경료하지는 않았다. 다음 설명으로 틀린 것은? (다툼이 있으면 판례에 의함)

① 乙이 취득시효를 원인으로 등기를 경료하면 점유 개시 시점에 소급하여 소유권을 취득한다.

② 甲은 乙에게 그 동안의 토지 사용에 대한 부당이득의 반환을 청구할 수 없다.

③ 乙이 甲에게 취득시효 완성을 원인으로 한 소유권이전등기를 청구하는 소송을 제기하자 甲이 丙에게 토지를 처분하였다면 이는 채무불이행에 의한 손해배상책임이 인정된다.

④ 甲이 시효완성 사실을 알면서도 부동산을 처분한다는 행위에 丙이 적극적으로 가담하였다면 丙은 소유권을 취득할 수 없다.

⑤ 甲이 丙에게 그 토지를 처분한 날을 기산점으로 하여 乙이 다시 20년 넘게 점유를 계속하였다면 乙은 丙에게 취득시효의 완성을 주장할 수 있다.

핵심 정리

(1) **소유자의 권리**
- 제3자에게 소유권 행사 가능
- 시효완성자에게 물권적청구권이나 부당이득반환청구 불가능

(2) **시효완성자가 등기를 경료하면 점유개시 시점에 소급하여 소유권 취득**

(3) **소유자가 시효완성 후에 목적물 매각**
- 채무불이행 책임×
- 알고 처분하였다면 불법행위 성립
- 매수인이 적극가담하였다면 무효

Check Point

① 乙이 甲에게 취득시효를 주장하는 소송을 제기하자 甲이 丙에게 X토지를 처분하였다면 甲은 乙에게 (채무불이행 / 불법행위)를 원인으로 하는 손해배상책임을 부담한다.

② 시효완성 후에 甲으로부터 X토지를 매수하여 이전등기를 경료받은 丙은 (甲이 악의인 / 丙이 적극가담한) 경우 소유권을 취득하지 못한다.

정답 46. ③

47. 甲과 乙이 각 1/2 지분으로 공유하는 X토지에 대한 설명으로 틀린 것은? (다툼이 있으면 판례에 의함)

① 甲은 乙의 동의 없이 자신의 지분에 저당권을 설정할 수 있다.

② 甲은 X토지에 제3자 명의로 경료 된 원인 무효의 소유권이전등기 전부를 말소할 수 있다.

③ 甲은 乙의 동의 없이는 X토지의 일부를 배타적으로 사용할 수 없다.

④ 甲이 乙의 동의 없이 X토지를 배타적으로 점유하는 경우, 乙은 甲에게 X토지를 자신에게 인도해 줄 것을 청구할 수 있다.

⑤ 甲의 지분에 관하여 제3자 명의로 원인무효의 등기가 경료된 경우 乙이 말소등기를 청구할 수 없다.

핵심 정리

(1) **공유지분 처분행위: 자유**
　　ex) 지분 양도, 지분에 저당권 설정 등

(2) **공유물 처분행위: 전원동의**
　　ex) 공유물 양도, 공유 나대지에 건물 신축 등

(3) **공유물 사용 수익: 지분 비율로**
　　ex) 부당이득반환청구, 관리비용부담 등

(4) **관리행위: 지분 과반수로 결정**
　　ex) 공유물 사용 방법이나 사용자 결정, 임대차 여부나 갱신거절여부 결정 등

(5) **보존행위: 각 공유자가 전부에 대해서 행사**
　　ex) 공유물점유배제청구, 원인무효등기 말소청구 등

(6) **공유물 인도청구 판례 (甲, 乙 공유)**
　① 제3자가 불법으로 점유하는 경우
　　⇨ 각 공유자는 인도청구 가능
　② 1/3 지분의 乙이 점유하는 경우
　　⇨ 2/3 지분의 甲은 인도청구 가능
　③ 2/3 지분의 甲이 점유하는 경우
　　⇨ 1/3 지분의 乙은 인도청구 불가능
　④ 1/2 지분의 甲이 점유하는 경우
　　⇨ 1/2 지분의 乙은 인도청구 불가능

Check Point

① 공유자 중 1인은 다른 공유자의 동의 없이 (공유물을 / <u>공유 지분을</u>) 처분할 수 있다.

② 과반수에 미달하는 공유자가 공유물을 점유하는 경우 다른 과반수 미달의 공유자는 (공유물의 인도 / <u>점유의 배제</u>)를 청구할 수 있다.

정답 47. ④

48. 甲(지분 4/6) 乙(지분 1/6) 丙(지분 1/6) 세 사람이 공유하고 있는 X토지에 관한 설명으로 옳은 것은? (다툼이 있으면 판례에 의함)

① 甲은 乙과 丙의 동의 없이 X토지에 건물을 신축할 수 있다.

② 甲은 X토지를 훼손하는 제3자에게 손해 전부의 배상을 청구할 수 있다.

③ 甲이 乙과 丙의 동의 없이 X토지를 A에게 매도하기로 한 계약은 효력이 없다.

④ 甲이 乙과 丙의 동의 없이 X토지를 B에게 임대한 경우, B는 乙에게 지분의 비율로 부당이득반환의무를 부담한다.

⑤ 乙이 X토지를 보존하기 위하여 한 행위가 丙의 이해관계와 충돌되는 경우에는 이를 보존행위라고 할 수 없다.

핵심 정리

(1) **손해배상청구**
  ⇨ 청구하는 공유자의 지분 비율로

(2) **말소등기청구**
  ⇨ 소유권이 반영되지 않은 만큼

(3) **점유배제청구**
  ⇨ 공유자 중 1인이 과반수 지분의 동의 없이 점유하는 자를 상대로 가능

(4) **2/3 지분의 공유자가 다른 공유자 동의 없이 공유물 매매한 경우**
  ⇨ 매매 계약은 유효
  ⇨ 등기는 2/3만 유효

(5) **2/3 지분의 甲이 1/3 지분의 乙의 동의 없이 공유물 임대한 경우**
  ⇨ 乙은 임차인에게 임대료 청구 불가능
  ⇨ 乙은 甲에게 1/3 비율로 부당이득반환 청구 가능

Check Point

① 과반수 지분의 공유자는 다른 공유자의 동의 없이 (공유물을 임대 / 공유 대지에 건물을 신축) 할 수 있다.

② 과반수 지분의 공유자는 공유물에 불법행위를 하는 자를 상대로 (지분의 비율로 / 손해 전부의) 배상을 청구할 수 있다.

③ 과반수 공유자가 다른 공유자의 동의 없이 공유물을 임대한 경우, 임차인은 (과반수 공유자에게 차임지급 / 다른 공유자에게 부당이득의 반환)의무를 부담한다.

정답 48. ⑤

49. 공유물 분할에 관한 설명으로 틀린 것은? (다툼이 있으면 판례에 의함)

① 공유자 사이에 현물분할의 협의가 성립되었으나 분할절차를 이행하지 않는 자가 있으면 분할을 청구하는 소송을 제기하는 것이 가능하다.

② 재판에 의한 분할의 경우 현물분할을 원칙으로 한다.

③ 공유자 전원의 참여가 없이 한 공유물 분할은 효력이 없다.

④ 재판상 분할의 경우, 분할을 원하지 않는 자를 공유로 남기는 형태의 공유물 분할 판결도 가능하다.

⑤ 공유 토지를 현물로 분할한 경우 각 공유자는 분할된 토지에 대하여 지분의 비율로 담보책임을 부담한다.

핵심 정리

(1) **공유물 분할청구권**
  – 형성권이므로 원칙적으로 분할 거절 불가능
  　cf) 분할금지특약 5년 한도 내에서 가능
  – 분할청구권은 시효소멸 없음

(2) **공유물 분할 절차**
  – 분할 협의가 성립되면 재판상 분할청구 불가능
  – 재판상 분할에서는 현물분할이 원칙
  – 분할절차에는 공유자 전원참여 필요

(3) **분할 방법**
  – 분할을 원하지 않는 자를 공유로 남기는 형태의 분할 판결 가능
  – 분할을 원하는 자를 공유로 남기는 형태의 분할 판결 불가능

(4) **분할의 효과**
  – 지분의 비율로 담보책임 부담
  – 지분에 설정된 저당권은 분할 이후의 저당권설정자 토지로 집중되지 않는다.

Check Point

① 공유물 분할은 (협의 / 재판)에 의한 분할을 원칙으로 한다.

② 재판상 분할의 경우 (현물 / 경매) 분할을 원칙으로 한다.

③ 공유물을 현물로 분할하면서 (분할을 원하지 않는 공유자를 / 공유관계 유지를 원하지 않는 자를) 공유로 남겨두는 방식의 분할도 가능하다.

정답 49. ①

Chapter 09 지상권

50. 지상권에 관한 설명으로 틀린 것은? (다툼이 있으면 판례에 의함)

① 견고한 건물이나 수목의 소유를 목적으로 하는 지상권은 30년보다 짧은 기간으로 설정할 수 없다.

② 지상권의 처분을 금지하는 당사자 사이의 특약은 효력이 없다.

③ 지상권자는 토지소유자의 의사에 반하여 지상권을 제3자에게 양도하지 못한다.

④ 지료에 관하여 별도의 약정이 있더라도 이를 등기하지 않으면 지상권을 양수한 자에게 지료의 지급을 청구하지 못한다.

⑤ 지상권자의 지료연체가 토지소유권의 양도 전후에 걸쳐서 2년분에 이른 경우, 토지 양수인에 대한 연체 기간이 2년에 이르지 않았다면 지상권의 소멸을 청구할 수 없다.

핵심 정리

(1) **지상권의 성질**
- 토지의 일부에 설정 가능
- 지상권 처분 자유 (처분금지 특약 무효)
- 지상권과 지상물을 분리양도 가능
- 지상물이 멸실되더라도 지상권 존속

(2) **존속기간**
- 견고한 건물, 수목: 최단 30년
- 일반건물: 최단 15년
- 공작물: 최단 5년
- 지상물의 종류 모를 때: 최단 15년
- 건물 사용을 위한 지상권은 최단기간×
- 최장기간 규정은 없음 (영구무한 가능)

(3) **지료**
- 지료는 지상권의 필수요소 아님
- 지료를 등기하지 않으면 제3자에게 대항할 수 없음
- 토지 소유권 양도되면 양수인에 대하여 2년 연체 있어야 지상권 소멸청구 가능
- 지료 확정판결 전후에 걸쳐 2년분의 지료가 연체되면 소멸청구 가능
- 지료가 결정된 바 없으면 2년 이상 지료가 지급되지 않아도 지상권 소멸청구 불가능

Check Point

① 지상권의 지료에 관한 약정이 (<u>등기 된</u> / 등기되지 않은) 경우, 지상권을 양수한 제3자에게 지료를 청구할 수 있다.

정답 50. ③

51. 지상권 및 분묘기지권에 관한 설명으로 틀린 것은? (다툼이 있으면 판례에 의함)

① 채권담보 목적으로 나대지를 대상으로 저당권과 함께 지상권이 설정 된 경우에도 지상권설정자인 토지 소유자는 토지를 사용할 수 있다.

② 토지저당권자가 그 목적 토지의 담보가치의 감소를 막기 위해 지상권을 함께 취득한 경우, 피담보채무가 소멸하면 지상권도 소멸한다.

③ 구분지상권은 수목의 소유를 목적으로 하여서는 설정할 수 없다.

④ 분묘기지권의 시효취득이 인정되기 위해서는 장사 등에 관한 법률 시행 전에 분묘가 설치된 경우라야 한다.

⑤ 분묘기지권을 시효취득 한 자는 토지 소유자가 분묘기지권이 성립한 날로부터 지료지급의 의무가 있다.

핵심 정리

(1) **담보지상권**
- 의의: 채권담보 목적으로 저당권과 함께 설정된 지상권
- 지상권설정자의 토지사용 가능
- 채권 소멸하면 저당권과 함께 지상권도 소멸

(2) **구분지상권**
- 수목 소유를 위한 설정 불가능
- 이미 토지 사용자가 있어도 구분지상권 설정 가능

(3) **분묘기지권**
- 시신과 봉분 필요 (등기 불필요)
- 장사법 시행 전에 설치 된 분묘는 분묘기지권 시효취득 가능
- 시효취득의 경우 토지소유자가 지료를 청구한 날부터 지료지급 의무 발생
  cf) 시효취득 외의 경우에는 분묘기지권 성립일부터 지료지급 의무 발생
- 주위의 공지도 사용 가능
- 신규 분묘 신설 권능 없음
- 분묘의 수호 봉사 계속하는 한 존속

Check Point

① 분묘기지권을 시효취득하려면 장사법 시행 전에 (<u>분묘가 설치 된</u> / 시효가 완성 된) 경우라야 한다.

② 분묘기지권을 시효취득한 경우, (분묘기지권이 성립한 날 / <u>지료를 청구한 날</u>)부터 지료를 지급하여야 한다.

정답 51. ⑤

52. 법정지상권에 관한 설명으로 틀린 것은? (다툼이 있으면 판례에 의함)

① 민법 제366조에 의한 법정지상권의 발생을 배제하기로 하는 저당권자와 토지소유자 사이의 특약은 효력이 없다.

② 건물의 요건을 갖추지 못한 가설 건축물의 소유를 위한 법정지상권도 인정된다.

③ 법정지상권의 지료에 관하여 협의가 되지 않으면 당사자의 청구로 법원이 이를 정한다.

④ 법정지상권을 취득한 건물의 소유자는 이를 등기하지 않은 경우에도 토지소유자나 양수인에게 지상권을 주장할 수 있다.

⑤ 법정지상권이 성립된 토지의 소유자는 건물의 철거를 청구할 수 없지만, 지료 상당의 부당이득 반환을 청구할 수 있다.

핵심 정리

(1) **제366조 법정지상권의 특징**
- 저당권 설정 당시 토지와 건물 동일인 소유
- 강행규정이므로 포기특약 무효
- 지료는 당사자의 청구로 법원이 결정
- 법정지상권 취득에는 등기 불필요
- 법정지상권 처분에 등기 필요
- 미등기 무허가 건물을 위한 법정지상권 성립도 가능

(2) **법정지상권 성립 후의 법률관계**
- 토지소유자의 철거청구 불가능
- 지료 상당의 부당이득반환의무 인정

(3) **건물이 양도된 경우**
- 매매의 경우: 지상권 이전등기 필요
- 경매의 경우: 지상권 이전등기 불필요

Check Point

① (법정지상권 / 관습법상 법정지상권)의 발생을 배제하는 약정은 효력이 없다.

② 법정지상권이 성립된 후 지상 건물을 (매수한 자 / 경락받은 자)는 등기하지 않아도 지상권을 취득할 수 있다.

③ 법정지상권이 성립된 경우, 토지 소유자는 건물의 소유자 또는 건물의 양수인에게 (건물의 철거를 / 지료의 지급을) 청구할 수 있다.

정답 52. ②

53. 법정지상권 및 관습법상 법정지상권에 관한 다음 설명 중 틀린 것은? (다툼이 있는 경우 판례에 의함)

① 지상 건물이 없는 토지에 관하여 저당권을 설정할 당시 저당권자가 그 토지에 건물을 축조하는 것에 동의하였다면 법정지상권이 성립할 수 있다.

② 동일인 소유의 토지와 건물에 공동저당권이 설정되었다가 건물이 철거 후 신축된 경우, 토지의 경매로 토지와 건물의 소유자가 다르게 되더라도 법정지상권은 인정되지 않는다.

③ 관습법상 법정지상권이 인정되기 위하여 토지와 건물이 원시적으로 동일인 소유일 필요는 없다.

④ 동일인 소유의 토지와 건물 중 건물만을 매도하면서 토지에 관하여 임대차 계약을 체결하였다면 관습법상 법정지상권은 포기한 것으로 본다.

⑤ 토지와 건물의 소유자가 토지만을 타인에게 증여하면서 구 건물을 철거하되 그 지상에 자신의 이름으로 건물을 다시 신축하기로 합의한 경우, 관습법상 법정지상권의 발생을 배제하는 효력이 인정되지 않는다.

핵심 정리

(1) 전세권 관련 법정지상권(제305조)은 전세권설정자가 법정지상권 취득

(2) 민법 제366조 법정지상권이 성립되지 않는 경우
 - 토지에 저당권 설정 당시 나대지인 경우
 - 토지와 함께 건물을 매수 하였으나 토지만 이전등기 받은 사례의 경우
 - 토지와 건물에 공동저당권이 설정된 후 건물을 철거하고 신축 한 경우

(3) 관습법상 법정지상권의 특징
 - 당사자의 특약으로 포기 가능
  ex) 건물철거특약, 토지 임대차 계약 한 경우
 - 토지와 건물이 처음부터 동일인 소유일 필요 없음
  cf) 강제경매의 경우 경락대금 완납 당시 기준 동일인 소유 판정×
 - 환지, 환매의 경우 관습상 법정지상권 불성립

Check Point

① 동일인 소유의 토지와 건물 중 건물에 전세권이 설정되어 있는 경우, 토지 양수인은 건물의 (전세권설정자 / 전세권자)에게 지상권을 설정한 것으로 본다.

② 동일인 소유의 토지와 건물에 공동저당권이 설정되고 (건물을 철거하고 신축한 경우 / 건물이 철거되지 않고 남아있는 경우) 저당권이 실행되더라도 법정지상권이 성립되지 않는다.

정답 53. ①

Chapter 10 지역권

54. 지역권에 관한 설명으로 틀린 것을 모두 고른 것은? (다툼이 있으면 판례에 의함)

> ㉠ 지역권은 요역지와 분리하여 제3자에게 양도할 수 있다.
> ㉡ 요역지의 공유자 중 1인이 지역권을 취득하면 다른 공유자도 지역권을 취득한다.
> ㉢ 요역지가 수인의 공유인 경우 공유자 1인에 의한 지역권 소멸시효의 중단은 다른 공유자에게는 효력이 없다.
> ㉣ 지료의 지급이 없는 무상의 지역권을 설정할 수 있다.
> ㉤ 통행지역권을 시효취득 한 자는 승역지 소유자의 손해를 보상할 책임이 있다.

① ㉠, ㉢
② ㉡, ㉢
③ ㉢, ㉤
④ ㉠, ㉣
⑤ ㉣, ㉤

핵심 정리

(1) 요역지는 토지 일부 불가능
cf) 승역지는 토지의 일부 가능

(2) 지역권은 요역지 소유권에 부종하여 이전하며, 지역권은 요역지와 분리양도 불가능

(3) 요역지가 공유인 경우
- 공유자 1인이 지역권 취득하면 다른 공유자도 취득
- 공유자는 자신의 지분에 대한 지역권 소멸 불가능
- 지역권 취득시효의 중단은 모든 공유자에 대한 사유가 아니면 효력이 없음
- 공유자 1인에 의한 지역권 소멸시효의 중단은 다른 공유자에게도 효력이 있음

(4) 지역권은 계속되고 표현된 것 만 시효취득 가능
- 스스로 통로를 개설하여야 통행지역권 시효취득 가능
- 통행지역권 시효취득하면 통행지 소유자의 손해보상 필요

(5) 지역권자는 반환청구권 없음
cf) 방해제거, 예방청구권은 있음

(6) 지역권은 20년간 행사하지 않으면 시효소멸

Check Point

① 요역지가 수인의 공유인 경우, 공유자 중 1인에 의한 지역권 (취득기간 / 소멸시효)의 중단은 다른 공유자에게도 효력이 있다.

정답 54. ①

Chapter 11 전세권

55. 전세권에 관한 설명으로 옳은 것은? (다툼이 있으면 판례에 의함)

① 전세금은 전세권의 필수 요소이므로 기존의 채권으로 전세금의 지급을 갈음
할 수 없다.

② 전세권의 존속기간 중에 전세금반환채권을 전세권과 분리하여 제3자에게 확
정적으로 양도할 수 있다.

③ 전세권자의 사용 수익 권능을 배제하고 채권의 담보만을 목적으로 설정된 전
세권도 효력이 있다.

④ 임대차 보증금 채권을 담보할 목적으로 체결된 전세권설정계약은 임대차 계
약과 양립할 수 없는 범위 내에서 효력이 없다.

⑤ 전세권자는 전세권설정자에게 필요비 및 유익비의 상환을 청구할 수 있다.

핵심 정리

(1) **전세권**
① 처분 자유 / 처분제한 가능
② 전세권자가 유지 수선
③ 필요비상환청구 불가능
④ 경매, 우선변제권 있음
⑤ 전세금 필수
⑥ 최단기간: 건물 1년
⑦ 최장기간: 10년
⑧ 법정갱신 기준
  - 만료전 6월~1월 사이 변경 없으면
⑨ 기간 약정 없으면
  - 전세권설정자 소멸통고: 6월
  - 전세권자 소멸통고: 6월

(2) **임대차**
① 처분에 임대인 동의 필요
② 임대인이 유지 수선
③ 필요비상환청구 가능
④ 경매, 우선변제권 없음
⑤ 차임 필수
⑥ 최단기간: 주택 2년 상가 1년
⑦ 최장기간: 없음
⑧ 법정갱신 기준
  - 만료후 상당 기간 이의제기 없으면
⑨ 기간 약정 없으면
  - 임대인 해지통고: 6월
  - 임차인 해지통고: 1월

Check Point

① 전세권의 사용 수익 권능을 (영구적으로 배제하고 / 배제하지 않는다면) 채권담보
목적의 전세권도 설정할 수 있다.

정답 55. ④

56. 乙이 甲소유의 대지 일부에 전세권을 취득하는 경우에 관한 설명으로 틀린 것은? (다툼이 있는 경우 판례에 의함)

① 甲과 乙의 설정계약으로 전세권의 처분을 금지할 수 있다.

② 乙로부터 전세권을 양도 받은 자는 乙과 동일한 권리 의무가 있다.

③ 甲으로부터 전세권 설정 이후에 토지를 양도받아 취득한 자는 전세권의 존속 기간이 만료된 경우 乙에게 전세금반환의무를 부담한다.

④ 乙로부터 전세권을 목적으로 한 저당권을 설정 받은 자라고 할지라도 전세권 의 존속기간이 만료되면 전세권 자체에 저당권을 실행하지 못한다.

⑤ 존속기간이 만료 된 경우, 전세금을 돌려받지 못한 乙은 토지 전부에 대한 경 매를 신청할 수 있다.

핵심 정리

(1) **전세권의 담보물권적 성질**
- 목적물 인도받지 않고 채권담보 목적으로 전세권 설정 가능
- 제3자 명의의 전세권 등기는 당사자 사이에 합의가 있으면 가능
- 일부 전세권자는 전부 경매 불가능
  cf) 우선변제권은 인정

(2) **전세권 존속 중에 전세금반환채권을 확정적으로 분리양도 불가능**
- cf) 전세권 존속 중에도 전세권 소멸을 조건으로 전세금반환채권 분리양도 가능
- cf) 전세권 소멸 후에는 전세금반환채권 분리양도 가능 (무담보채권 양도 효력)

(3) **전세권부 저당권**
- 전세권이 소멸하면 저당권도 소멸
- 전세권이 소멸하면 전세금 압류하여 물상대위 가능

Check Point

① 건물의 일부에 전세권을 취득한 자는 목적물 전부에 대하여 (<u>경매를 청구</u> / 우선 변제를 받을 수) 없다.

② 전세권의 존속기간 중에 (<u>확정적으로</u> / 전세권의 소멸을 조건으로) 전세금반환채 권을 전세권과 분리하여 양도할 수 없다.

정답 56. ⑤

Chapter 12 유치권

57. 유치권에 관한 설명으로 틀린 것은? (다툼이 있으면 판례에 의함)

① 저당목적물의 소유권을 취득한 제3자는 저당목적물에 대한 비용상환청구권을 피담보채권으로 유치권을 행사할 수 없다.

② 임차인은 보증금이나 권리금의 회수를 위하여 임차 건물에 유치권을 주장할 수 없다.

③ 채무자가 직접점유하는 물건을 간접점유하는 채권자도 유치권을 행사할 수 있다.

④ 임대차 종료시에 임차 목적물을 원상복구 하기로 특약한 경우, 임차인은 목적물에 대한 유익비상환청구권을 피담보채권으로 하여 유치권을 행사할 수 없다.

⑤ 유치권자가 선량한 관리자의 주의 의무에 위반하여 유치물을 관리하면 유치물의 소유권을 취득한 제3자도 유치권의 소멸을 청구할 수 있다.

핵심 정리

(1) **타인 소유의 물건 또는 유가증권**
- 채권자 자기 소유물에 유치권×
- 신축 건물이 수급인 소유인 경우×
- 건물 완성 전에 공사 중단된 경우×

(2) **채권과 물건의 견련관계 필요**
- 채권과 점유의 견련관계 불필요
- 비용상환청구권 ○
- 공사(수선)대금 채권 ○
- 보증금×, 권리금×, 매매대금×

(3) **적법한 점유가 필요**
- 불법점유의 경우×
- 권한 없음을 알면서 비용지출 한 경우×
- 임대차 종료 후에 비용 지출한 경우×
- 채무자가 직접점유자인 간접점유×

(4) **채권의 변제기 도래가 필요**
- 유익비에 대하여 상환기간 허여가 있으면 유치권 불성립

(5) **유치권 포기 특약이 없어야 함**
- 임대차 목적물 원상복구 특약이 있으면 유익비로 유치권 불성립

Check Point

① 유치권은 (<u>공사대금</u> / <u>수리대금</u> / 보증금 / 권리금 / 매매대금) 채권을 담보할 목적으로 행사할 수 있다.

② (채무자 / <u>제3자</u>)가 직접점유하는 물건을 간접점유여도 유치권을 행사할 수 있다.

정답 57. ③

58. 甲소유의 주택에 대하여 乙이 수선 공사를 완료하여 공사대금 채권을 취득하였다. 다음 설명 중 틀린 것은? (다툼이 있으면 판례에 의함)

① 乙이 유치권을 행사하기 위하여 위 연립주택에 거주하며 사용하는 경우 불법행위에 해당하지는 않지만 부당이득반환의무를 부담한다.

② 乙이 유치권을 행사하는 동안에도 공사대금채권의 소멸시효는 진행된다.

③ 乙이 유치물을 경매하는 경우에도 경락인에게 피담보채무의 변제를 청구할 수는 없다.

④ 乙이 甲소유 주택에 대한 경매가 개시되기 전에 점유를 취득하였으나 경매개시 이후에 채권을 취득하였다면 유치권으로 경락인에게 대항할 수 없다.

⑤ 만약 乙이 甲과 유치권 포기특약을 하였더라도 포기특약의 당사자가 아닌 경락인은 유치권 포기 특약의 존재를 주장할 수 없다.

핵심 정리

(1) 유치권자가 목적물의 일부만 점유하는 경우
   – 채권 전부 받을 때까지 유치권 가능

(2) 유치권의 목적물이 경매되는 경우
   – 경락인에게 인도거절 가능
      cf) 경락인에게 변제청구 불가능
   – 유치권에는 우선변제권 없음
   – 경락인도 유치권 포기특약의 효력을 주장할 수 있음

(4) 유치권자가 목적물에 거주하는 경우
   – 유치권 소멸청구 불가능
      cf) 유치권자는 부당이득반환의무 부담

(5) 유치권자가 소유자 동의 없이 임대한 경우
   – 유치권 소멸청구 가능
      cf) 임차인은 임차권으로 대항 불가능

(6) 유치권자가 유치물 보관을 위탁한 경우 위탁받은 자도 목적물의 인도 거절 가능

Check Point

① (저당권 설정 / 경매 개시) 이후에 성립한 유치권으로 경락인에게 대항할 수 없다.

② 경매개시 이전에 점유를 확보하였으나 경매개시 이후에 채권의 변제기가 도래한 경우 (유치권이 성립되지 않는다. / 유치권으로 경락인에게 대항하지 못한다.)

③ 유치권자는 경락인에게 (목적물의 인도를 거절 / 채무의 변제를 청구) 할 수 있다.

정답 58. ⑤

Chapter 13 저당권

59. 저당권에 관한 설명으로 틀린 것은? (다툼이 있으면 판례에 의함)

① 피담보채권에 대한 지연배상에 대해서는 원본의 이행 기일을 경과한 후의 1년분에 한하여 저당권의 효력이 미친다.

② 저당권의 효력은 저당 목적물에 대한 압류 전에 발생한 차임채권에 효력이 미친다.

③ 저당권의 효력은 저당권이 설정된 후에 저당 목적물에 부합된 물건에도 미친다.

④ 저당권설정자로부터 용익권을 설정 받은 자가 건축한 건물이라도 저당권설정자가 나중에 그 건물의 소유권을 취득하였다면 일괄경매청구가 허용된다.

⑤ 일괄경매청구권이 인정되는 경우에도 토지 저당권자가 건물의 매각대금에서 우선변제를 받을 수는 없다.

핵심 정리

(1) **우선변제 받는 채권의 범위**
- 원본, 이자, 위약금, 지연배상금, 실행비용
- 이자, 위약금은 등기한 것만
- 지연배상금은 이행기 경과 후 1년분 만

(2) **효력이 미치는 목적물의 범위**
- 부합물, 종물은 저당권 설정 전 후 불문 저당권의 효력이 미침
- 건물에 설정된 저당권의 효력은 지상권, 토지임차권 등에도 미침
- 과실(차임채권)은 압류 이후의 것만 저당권의 효력이 미침

(3) **일괄경매청구권**
- 토지에 저당권이 설정될 당시에 나대지이고 경매 당시 토지와 건물 동일인 소유인 경우 일괄경매 인정
- 토지 저당권자의 일괄경매는 의무가 아닌 선택
- 건물 매각대금에서 우선변제권 부정

(4) **물상대위**
- 저당물의 대체물(보험금, 보상금 등)이 지급 또는 인도되기 전에 압류 필요
- 물상대위를 위한 압류는 제3자가 하여도 무방함
- 매매대금(협의취득 보상금)에 물상대위 불가능

Check Point

① 저당권의 효력은 목적물에 대한 압류 (전 / 후)에 발생한 차임채권에도 효력이 미친다.

② (저당권 / 근저당권)의 효력은 이행기 경과 후 1년분의 지연배상금에 한하여 효력이 미친다.

정답 59. ②

60. 甲소유의 X토지에 A가 저당권을 취득하고 그 후 B가 저당권을 취득한 경우에 관한 설명으로 옳은 것은? (다툼이 있으면 판례에 의함)

① A의 저당권보다 먼저 설정되어 있던 전세권은 전세권자가 경매절차에서 배당요구를 하더라도 경매로 소멸하지 않는다.

② A의 저당권과 B의 저당권 사이에 설정 된 지상권은 B가 신청한 경매로 소멸하지 않는다.

③ A의 저당권이 변제 등으로 무효가 되더라도 그 후 새로 발생한 채권을 위하여 유용할 수 있다.

④ A의 저당권이 성립한 후에 전세권을 취득한 자는 경매 절차에서 저당목적물에 지출한 비용을 A보다 우선하여 배당받을 수 있다.

⑤ B는 채무자가 반대하는 경우에도 A에게 피담보채무를 변제하고 A의 저당권에 대한 말소를 청구할 수 있다.

핵심 정리

(1) **경매로 인한 권리 소멸 여부**
  - 저당권, 가등기담보권은 항상 경매로 소멸
  - 최선순위 저당권 이전에 성립한 지상권, 전세권 및 대항력 있는 임차권은 원칙적 존속
    cf) 최선순위 저당권 보다 먼저 성립한 전세권도 배당요구를 하였다면 경매로 소멸
  - 최선순위 저당권 이후에 성립한 지상권이나 전세권 및 대항력 있는 임차권은 소멸
    cf) 유치권은 경매로 인하여 소멸하지 않음

(2) **제3취득자**
  - 저당권 설정 이후에 소유권, 지상권, 전세권을 취득한 자
    cf) 후순위 저당권을 취득한 자는 제3취득자×
  - 경락인이 될 수 있음
  - 채무자의 반대에도 불구하고 저당권의 피담보채무를 변제할 수 있음
  - 목적물에 지출한 비용의 우선상환을 받을 수 있음

Check Point

① 저당권보다 (먼저 / <u>늦게</u>) 설정 된 지상권은 경매로 소멸한다.

② 1번 저당권이 설정되기 전에 전세권을 취득한 자가 경매에서 배당요구를 (하면 / <u>하지 않았다면</u>) 전세권은 경매로 소멸하지 않는다.

③ 저당권 설정 이후에 (<u>지상권</u> / <u>전세권</u> / 저당권)을 취득한 자는 채무자의 반대에도 불구하고 선순위 저당권의 피담보채무를 대위변제하고 저당권의 말소를 청구할 수 있다.

정답 60. ④

61. 저당권에 관한 설명으로 틀린 것은? (다툼이 있으면 판례에 의함)

① 저당권자가 경매를 신청한 이후에 저당권이 무효가 되었으나 경매절차가 취소됨이 없이 완료된 경우, 경락인은 소유권을 취득할 수 있다.

② 저당권은 피담보채권과 분리하여 양도하지 못한다.

③ 저당권에는 물권적청구권 중 반환청구권이 인정되지 않는다.

④ 저당권자의 담보물보충청구권은 손해배상청구권과 동시에 행사하지 못한다.

⑤ 공동저당권의 목적인 채무자 소유 부동산과 물상보증인 소유의 부동산을 동시에 경매하여 배당할 경우에는 공동저당권자는 각 부동산의 경매대가에 비례하여 배당 받는다.

핵심 정리

(1) **저당권의 특징**
- 저당권자는 채권자와 원칙적으로 동일
  cf) 합의와 실질적 귀속 있으면 제3자 명의로 저당권 설정 가능
- 저당권설정자와 채무자는 동일인일 필요 없음
- 저당권은 피담보채권과 분리양도 불가능
- 경매 절차 완료 된 이후에는 불법말소 된 저당권의 회복등기 불가능
- 경매 개시 이후에 저당권이 무효되더라도 경매완료되면 경락인은 소유권 취득 가능

(2) **저당권 침해의 구제**
- 물권적청구권 중 반환청구권 없음
- 담보물보충청구권은 저당권설정자에게 귀책사유가 있는 경우에만 인정
- 담보물보충청구권과 손해배상청구권이나 즉시변제청구권을 동시행사 불가능

(3) **공동저당권의 동시배당**
- 채무자 소유 + 채무자 소유 동시배당
  ⇨ 경매대가에 비례하여
- 채무자 소유 + 물상보증인 소유 동시배상
  ⇨ 채무자 소유물 매각대금에서 우선배당

Check Point

① 저당권자가 경매를 신청 (하기 전 / <u>한 후</u>)에 저당권이 무효가 되었으나 경매절차가 완료되면 경락인은 소유권을 취득할 수 있다.

② 공동저당권의 목적인 채무자 소유의 부동산과 (<u>채무자 소유</u> / 물상보증인 소유)의 다른 부동산을 동시에 경매하여 배당하는 경우, 경매대가에 비례하여 공동저당권자에게 배당할 금액을 정한다.

정답 61. ⑤

62. 근저당권에 관한 설명으로 옳은 것은? (다툼이 있으면 판례에 의함)

① 근저당권의 피담보채권이 확정되기 전에 채무가 일시적으로 '0'원이 되더라도 근저당권은 소멸하지 않는다.

② 근저당권에 있어서 이자와 실행비용은 채권최고액에 산입한다.

③ 피담보채권이 확정된 이후에 새로 발생한 원본채권도 채권최고액 범위내에서 우선변제 된다.

④ 근저당권 설정 이후에 저당권을 취득한 자가 경매를 신청하면 선순위인 근저당권의 피담보채권액은 경매 신청시에 확정된다.

⑤ 근저당권의 확정된 채권액이 채권최고액을 초과하는 경우, 채무자는 채권최고액을 변제하고 근저당권의 말소를 청구할 수 있다.

핵심 정리

(1) **근저당권의 부종성 완화**
  - 피담보채권 확정 전에는 채권이 전부 소멸해도 근저당권은 소멸하지 않음

(2) **채권최고액**
  - 실행비용은 채권최고액에 포함 ×
    cf) 실행비용은 별도로 우선변제 가능
  - 이자는 채권최고액에 산입
  - 지연이자는 1년분에 한하지 않음

(3) **경매로 인한 피담보채권 확정**
  - 근저당권자가 스스로 경매 신청
    ⇨ 경매 신청 시 확정

  cf) 후순위 권리자가 경매 신청
    ⇨ 선순위 근저당권 경락대금 완납 시 확정
  - 경매 취하하여도 확정의 효과 번복 없음

(4) **확정된 채권액이 채권최고액을 초과한 경우**
  - 채무자 : 전액을 변제
  - 물상보증인과 제3취득자 : 채권최고액만 변제

(5) **피담보채권 확정된 후에 발생한 채권**
  - 원본 : 우선변제 ×
  - 이자, 위약금 : 우선변제 ○

Check Point

① (근저당권자가 / 후순위 권리자가) 경매를 신청한 경우, 근저당권의 피담보채권액은 경매 신청시에 확정된다.

② 확정된 채권액이 채권최고액을 초과하는 경우, (채무자 / 물상보증인 / 제3취득자)는 채권최고액을 변제하고 근저당권의 말소를 청구할 수 있다.

③ 피담보채권 확정 이후에 발생하는 (원본 / 이자) 채권은 근저당권으로 담보되지 않는다.

정답 62. ①

Chapter 14 계약 일반

63. 계약에 관한 설명으로 틀린 것은?

① 민법상 쌍무계약은 모두 유상계약이다.

② 매매, 교환, 임대차 계약은 모두 쌍무, 유상, 낙성, 불요식 계약이다.

③ 계약금 계약은 요물계약이다.

④ 당사자 사이에 계약 체결에 대한 신뢰가 형성된 상태에서 부당하게 중도파기 하는 경우 계약체결상의 과실책임이 인정된다.

⑤ 부동산 매매에 있어서 실제 면적이 계약면적에 미달하는 경우 계약체결상의 과실책임을 물을 수 없다.

핵심 정리

(1) **쌍무계약과 편무계약**
- 쌍무계약 : 매매, 교환, 임대차 등
- 편무계약 : 증여, 사용대차, 현상광고 등
- 쌍무계약에서만 동시이행항변권과 위험부담의 문제 발생
- 모든 쌍무계약은 항상 유상계약 (○)

(2) **유상계약과 무상계약**
- 유상계약 : 매매, 교환, 임대차, 현상광고 등
- 무상계약 : 증여, 사용대차 등
- 유상계약에 대해서는 매매 계약에 관한 규정을 준용
- 모든 유상계약은 항상 쌍무계약 (×)

(3) **요물계약**
- 계약금 계약, 대물변제, 현상광고

(4) **계약체결상 과실책임 규정**
- 원시적 전부불능의 경우에 적용
- 매매 수량이 부족한 경우는 담보책임
  cf) 계약체결상 과실 책임×
- 계약 교섭단계의 부당파기의 경우 불법행위 책임 발생
  cf) 계약체결상 과실 책임×
- 교섭단계의 부당파기의 경우 손해배상
  ⇨ 제안서 비용 불포함 / 정신적 손해 포함

Check Point

① 계약 교섭단계에서 부당하게 중도파기하면 (계약체결상 과실 책임 / <u>불법행위 책임</u>)이 발생한다.

② 계약 교섭단계의 부당파기로 인한 손해배상에는 (제안서 작성비용 / <u>정신적 손해</u>)가 포함된다.

정답 63. ④

Chapter 15	계약의 성립

64. 계약의 성립에 관한 설명으로 틀린 것은?

① 청약은 청약자가 승낙기간 내에 승낙의 통지를 받지 못하면 그 효력을 잃는다.

② 청약은 불특정 다수인을 상대로도 할 수 있다.

③ 청약은 상대방에게 도달한 이후에는 이를 철회하지 못한다.

④ 동일한 내용의 청약이 상호 교차한 경우 나중에 발송한 청약이 발송한 때에 계약이 성립된다.

⑤ "일정한 기간 내에 승낙이 없으면 계약이 성립한 것으로 본다."는 청약자의 의사표시는 효력이 없다.

핵심 정리

(1) **청약은 구체적 확정적 의사표시**
　cf) 구체적이지 않은 광고 등은 청약의 유인

(2) **청약이 도달 한 이후에는 철회 불가능**
　cf) 도달 전에는 철회 가능

(3) **불특정 다수에게 청약 가능**
　cf) 불특정 다수에게 승낙 불가능

(4) **승낙기간 내에 청약자가 승낙의 통지를 받지 못하면 청약은 효력 상실**

(5) **일정한 기간 내에 승낙이 없으면 계약이 성립한 것으로 본다는 내용의 청약은 효력이 없음**

(6) **교차청약**
　- 동일한 내용의 청약이 교차한 경우
　- 양 청약이 모두 도달한 때에 계약 성립

Check Point

① (**청약** / 청약의 유인)은 구체적 확정적 의사표시여야 한다.

② (**청약** / 승낙)은 불특정 다수인을 상대로 하더라도 효력이 있다.

③ 청약과 승낙에 의한 계약은 승낙 (발송 / **도달**)시점에 성립한다.

④ 교차청약에 의한 계약은 양 청약이 모두 (발송 / **도달**)한 시점에 성립한다.

정답 64. ④

65. 甲이 乙에게 승낙의 기간을 10월 30일까지로 하는 청약을 발송하여 乙에게 도달하였다. 다음 설명 중 옳은 것은?

① 乙이 승낙의 의사표시를 10월 25일에 발송하여 10월 29일에 甲에게 도착하였다면 계약은 10월 29일에 성립하게 된다.

② 乙이 甲의 청약에 대하여 조건을 붙여서 한 승낙이 10월 27일에 발송되어 甲에게 10월 29일에 甲에게 도착하면 10월 27일에 계약이 성립된다.

③ 甲의 청약을 우연히 알게 된 丙이 甲에게 10월 5일에 승낙을 발송하여 10월 10일에 도달한 경우 10월 5일에 계약이 성립된다.

④ 乙의 승낙의 의사표시가 11월 2일에 甲에게 도착하였다면 甲이 乙의 승낙에 동의하여도 계약이 성립될 수 없다.

⑤ 乙이 승낙의 의사표시를 10월 10일에 발송하였으나 우체국 사정으로 11월 5일에 甲에게 도달한 경우, 甲이 지연의 통지나 연착의 통지를 하지 않았다면 10월 10일에 계약이 성립된 것으로 된다.

핵심 정리

(1) **기간 내에 승낙이 도달한 경우**
   - 승낙 발송 시 계약 성립

(2) **기간 내에 도달이 가능하도록 승낙을 발송하였으나 연착되었고, 청약자가 연착의 통지를 하지 않은 경우**
   - 승낙 발송 시 계약 성립

(3) **연착된 승낙**
   - 새로운 청약으로

(4) **변경을 가한 승낙**
   - 새로운 청약으로

(5) **청약자 이외의 자에게 한 승낙**
   - 새로운 청약으로

(6) **청약을 받지 않은 자가 한 승낙**
   - 새로운 청약으로

Check Point

① 甲이 乙을 지정하여 청약을 하였고, (乙 / 丙)이 甲에게 승낙을 하면 계약이 성립된다.

② 승낙을 충분히 일찍 발송하였으나 우편사정으로 연착된 경우, 청약자가 지연의 통지나 연착의 통지를 (하였다면 / <u>하지 않았다면</u>) 승낙이 연착되지 않은 것으로 본다.

<u>정답</u> 65. ⑤

Chapter 16 동시이행항변권

66. 동시이행에 관한 설명 중 틀린 것은? (다툼이 있는 경우 판례에 의함)

① 선이행 의무를 부담하는 당사자 일방은 상대방의 이행이 곤란할 현저한 사유가 있는 경우에는 자기의 채무 이행을 거절 할 수 있다.

② 동시이행 항변의 관계에 있는 채무를 이행하지 않고 있는 당사자가 지체로 인한 책임을 면하려면 동시이행의 항변권을 원용하여야 한다.

③ 쌍무계약상 당사자 일방의 채무가 손해배상 채무로 변경되는 경우에도 반대 채무 이행과 동시이행 관계가 인정된다.

④ 근저당권 실행을 위한 경매가 무효가 된 경우, 낙찰자의 채무자에 대한 소유권이전등기 말소의무와 근저당권자의 낙찰자에 대한 배당금 반환의무는 동시이행관계에 있지 않다.

⑤ 임대인이 임차인에게 필요비상환의무를 이행하지 않는 경우, 임차인은 지출한 필요비 금액의 한도에서 차임의 지급을 거절할 수 있다.

핵심 정리

(1) 동시이행관계 인정되는 경우
- 채무 변제와 영수증 교부
- 채무 변제와 어음 수표 반환
- 임대인의 보증금 반환과 임차인의 목적물 반환
- 매매 계약 무효의 경우 각 당사자의 부당이득 반환의무
- 동시이행 관계에 있던 채무가 손해배상 채무로 변경된 경우에도 동시이행 관계 유지

(2) 동시이행관계 인정되지 않는 경우
- 채무 변제와 채권증서 반환
- 채무 변제와 저당권 말소
- 임대인의 보증금 반환과 임차인의 임차권등기명령에 따른 등기 말소
- 경매가 무효가 된 경우 근저당권자의 배당금 반환의무와 경락인의 말소등기 의무
- 부수적 채무 불이행을 이유로 동시이행 항변 불가능

Check Point

① 임대인의 임대차보증금 반환의무와 임차인의 (<u>목적물 반환 의무</u> / 임차권등기명령에 의한 등기 말소 의무) 는 동시이행의 관계에 있다.

② 임차인의 목적물 반환의무와 임대인의 (<u>보증금 반환의무</u> / 권리금 회수 방해로 인한 손해배상 의무) 는 동시이행의 관계에 있다.

정답 66. ②

67. 乙은 제3자의 가압류 등기가 있는 甲소유의 부동산을 甲으로부터 매수하였다. 다음 설명 중 틀린 것은? (다툼이 있으면 판례에 의함)

① 甲의 소유권이전등기의무 및 가압류등기의 말소의무와 乙의 대금지급의무는 특별한 사정이 없는 한 동시이행 관계에 있다.

② 乙은 가압류의 존재를 이유로 계약을 해제할 수 없다.

③ 甲의 乙에 대한 매매대금채권이 전부명령에 의해 압류채권자인 丙에게 이전된 경우, 乙은 丙의 대금청구에 대해 동시이행의 항변권을 행사할 수 있다.

④ 乙이 중도금을 지체하던 중에 甲의 소유권이전등기의 이행기가 도과한 경우 乙의 중도금지급 채무도 甲의 소유권이전등기 의무와 동시이행관계로 된다.

⑤ 甲이 매매 계약과 별도로 乙에게 변제해야 할 채무가 있는 경우, 甲은 乙에 대한 매매 대금 채권과 乙의 대여금 채권을 대등액에서 상계할 수 있다.

핵심 정리

(1) 가압류가 경료 부동산 매매
- 이전등기 + 가압류말소 vs 대금지급의무 동시이행
- 가압류를 이유로 계약 해제 불가능
- 가압류 채권자가 강제경매 한 경우 매수인은 선의 악의 관계없이 해제 및 손해배상청구 가능

(2) 동시이행항변권 주요 사례
- 채권양도 등으로 당사자 변경되어도 동시이행관계 유지
- 중도금 지체 중에 잔금 지급일 도래하면 중도금도 등기와 동시이행
- 매도인은 매매대금 채권과 대여금 채무를 상계할 수 없음
- 소송상 동시이행항변권 원용하면 상환이행판결

Check Point

① 매매 목적물에 제3자의 가압류가 경료되어 있으면 매수인은 (매매 계약을 해제 / <u>가압류가 말소될 때까지 대금의 지급을 거절</u>) 할 수 있다.

② 피고의 동시이행항변권 원용이 받아들여지면 법원은 (원고 패소 / <u>원고 일부 승소</u>)의 판결을 한다.

③ 매수인이 중도금 지급을 지체하는 동안에 매도인 채무의 이행기일 마저 도과한 경우, (중도금 / <u>잔금</u>) 지급일 이후에는 이자가 발생되지 않는다.

정답 67. ⑤

Chapter **17**	**위험부담**

68. 甲은 乙에게 자신의 X건물을 매도하는 계약을 체결하였다 틀린 것은?

① 계약 체결 이후에 甲의 귀책사유에 의하여 X건물이 멸실 된 경우, 乙은 甲과의 계약을 해제하고 손해배상을 청구할 수 있다.

② 계약 체결 이후에 태풍으로 인하여 X건물이 멸실된 경우 乙은 甲에게 이미 지급한 대금이 있으면 그 반환을 청구할 수 있다.

③ 계약 체결 이후에 乙의 귀책사유로 인하여 X건물이 멸실된 경우, 乙은 계약을 해제할 수 없다.

④ 甲이 등기를 제공하였으나 乙이 수령을 하지 않고 있던 중에 제3자의 귀책사유로 소유권 이전이 불가능하게 되면 甲은 乙에게 대금 지급을 청구할 수 없다.

⑤ 乙이 대금을 모두 지급하였다면 X건물 멸실로 인하여 甲이 취득하는 화재보험금에 대하여 대상청구권을 행사할 수 있다.

핵심 정리

(1) **매도인 귀책사유에 의한 후발적 불능**
 - 매수인이 해제 가능
 - 매수인이 손해배상청구 가능

(2) **매도인 매수인 모두 귀책사유 없는 후발적 불능의 경우**
 - 매도인은 대금을 청구할 수 없음

(3) **매수인 귀책사유에 의한 후발적 불능**
 - 매도인은 대금을 청구할 수 있음

(4) **매수인의 수령지체 중에 후발적 불능**
 - 매도인은 대금을 청구할 수 있음

(5) **불능에도 불구하고 매도인이 대금을 지급받은 경우 불능으로 인한 이익을 상환하여야 함**
 - 매매 대금을 지급한 매수인은 대상청구권 행사 가능

Check Point

① 매매 계약 체결 후에 (<u>매도인</u> / 매수인 / 제3자)의 귀책사유로 목적물이 멸실된 경우, 매수인은 계약을 해제할 수 있다.

② 매매 계약 체결 후에 (매도인 / <u>매수인</u> / 제3자)의 귀책사유로 목적물이 멸실된 경우, 매도인은 대금의 지급을 청구할 수 있다.

정답 68. ④

Chapter 18 · 제3자를 위한 계약

69. 甲이 乙에게 주택을 매도하면서 대금은 乙이 丙에게 지급하기로 약정하였고, 丙은 수익의 의사표시를 하였다. 다음 중 틀린 것은? (다툼이 있으면 판례에 의함)

① 丙은 수익의 의사표시를 乙을 상대로 하여야 한다.

② 甲이 등기서류의 제공을 지체하면 乙은 甲과의 계약을 해제하고 丙에 대한 대금의 지급을 거절할 수 있다.

③ 甲은 자신의 丙에 대한 채무가 시효로 소멸되었음을 이유로 乙에 대한 소유권이전등기 절차를 이행하지 않을 수 있다.

④ 乙이 丙에게 대금을 지급한 이후에 甲과 乙의 계약이 해제되더라도 乙은 丙에게 매매대금의 반환을 청구하지 못한다.

⑤ 甲과 乙의 매매 계약이 허위표시에 해당하여 무효라면 乙은 선의의 丙에게 무효를 주장할 수 있다.

핵심 정리

(1) **보상관계의 하자**
  - 요약자와 낙약자의 법률관계가 무효, 취소, 해제 되면 수익자에게 항변 가능

(2) **대가관계의 하자**
  - 요약자와 수익자의 법률관계가 무효, 취소, 소멸 되더라도 영향이 없음

(3) 수익자는 낙약자에게 수익의 의사표시

(4) 제3자를 위한 계약이 해제되더라도 낙약자는 수익자에게 원상회복청구 불가능

Check Point

① 甲과 (乙 / 丙)의 법률관계가 무효인 경우, 乙은 대금의 지급을 거절할 수 있다.

② 乙이 丙에게 대금을 지급한 후에 甲과 乙의 계약이 해제된 경우, 乙은 (甲 / 丙)에게 대금의 반환을 청구하여야 한다.

정답 69. ③

70. 제3자를 위한 계약에 관한 설명으로 틀린 것은? (다툼이 있으면 판례에 의함)

① 제3자를 위한 계약의 수익자는 계약 당시에 현존 특정되지 않아도 무방하다.

② 낙약자가 제3자에게 상당한 기간을 정하여 수익 여부를 최고한 경우 그 기간 내에 확답을 받지 못하면 수익을 거절한 것으로 본다.

③ 수익의 의사표시를 한 수익자는 낙약자의 채무불이행을 이유로 손해배상을 청구할 수 있다.

④ 제3자가 수익의 의사표시를 한 후에도 요약자와 낙약자는 제3자를 위한 계약을 합의해제하여 계약상 권리와 의무를 소멸시킬 수 있다.

⑤ 낙약자가 약속한 채무를 이행하지 않는 경우에도 수익자는 계약을 해제하지 못한다.

핵심 정리

(1) **수익자의 지위**
 - 수익자는 계약 당시 현존하거나 특정될 필요 없음
 - 수익자의 동의가 없어도 제3자를 위한 계약 성립 및 해제 가능

(2) **수익자의 권리 확정**
 - 낙약자가 수익자에게 수익여부 최고하고 확답 받지 못하면 수익을 거절한 것으로 취급
 - 수익자가 낙약자에게 수익의 의사표시하면 이행청구, 손해배상청구 가능
 cf) 수익자는 해제, 취소, 원상회복청구 불가능

(3) **수익의 의사표시 이후**
 - 요약자와 낙약자는 수익자의 권리를 변경 소멸시킬 수 없음(합의해제 불가능)
 cf) 보상관계 하자를 이유로 요약자나 낙약자가 보상관계를 해제, 취소하는 것은 가능

Check Point

① 수익자가 수익의 의사표시를 하면 (<u>계약의 이행을 청구</u> / <u>계약 위반을 이유로 손해배상을 청구</u> / 계약을 해제 / 계약을 취소) 할 수 있다.

② 수익자가 수익의 의사표시를 한 후에 요약자와 낙약자는 (채무불이행을 이유로 계약을 해제 / <u>특별한 사유 없이 합의해제</u>) 할 수 없다.

정답 70. ④

Chapter 19 계약의 해제와 해지

71. 계약의 해제에 관한 설명으로 틀린 것은? (다툼이 있으면 판례에 의함)

① 합의해제의 경우에는 원칙적으로 손해배상책임이 발생되지 않는다.

② 당사자 사이에 약정이 없는 이상 합의해제로 인하여 반환할 금전에 그 받은 날로부터의 이자를 가산하여 반환하여야 한다.

③ 계약의 합의해제에 있어서도 계약해제의 경우와 같이 이로써 제3자의 권리를 해할 수 없다.

④ 해제의 의사표시는 철회하지 못한다.

⑤ 계약의 당사자가 수인인 때에는 해제의 의사표시는 전원으로부터 전원에 대하여 하여야 한다.

핵심 정리

(1) **합의해제의 특징**
- 성질상 계약
- 대금 반환 시 이자가산×
- 손해배상 책임 발생×
- 소급효 및 제3자 보호 인정

(2) **약정해제의 특징**
- 성질상 단독행위
- 대금 반환 시 이자가산 ○
- 손해배상 책임 발생×
- 소급효 인정 및 제3자 보호 인정

Check Point

① 매매 계약이 (법정해제 / 약정해제 / 합의해제)된 경우, 특별한 사정이 없는 한 매도인은 매매 대금에 이자를 가산하여 반환하여야 한다.

② 매매 계약이 (법정해제 / 약정해제 / 합의해제)된 경우, 이와 별도로 손해배상책임이 발생된다.

정답 71. ②

72. 해제권 발생을 위하여 최고를 필요로 하지 않는 것을 모두 고른 것은? (다툼이 있으면 판례에 의함)

> ㉠ 채무자의 귀책사유에 의한 이행불능
> ㉡ 일정한 시일에 이행하지 아니하면 계약의 목적을 달성할 수 없는 계약에서 채무자가 이행을 지체한 경우
> ㉢ 채무자가 이행기 전에 이행 거절의 의사를 분명히 하였다가 이를 적법하게 철회한 경우
> ㉣ 채무가 불완전하게 이행되었으나 완전한 이행이 가능한 경우
> ㉤ 약정해제 사유가 발생한 경우

① ㉠, ㉡, ㉢
② ㉡, ㉢, ㉣
③ ㉢, ㉣, ㉤
④ ㉠, ㉣, ㉤
⑤ ㉠, ㉡, ㉤

핵심 정리

(1) **최고 없이 해제가 가능한 경우**
- 채무자 귀책사유에 의한 이행불능
- 정기행위에 대한 이행지체
- 상대방이 채무 이행 거절을 분명히 한 경우
- 완전이행이 불가능한 불완전이행
- 약정해제권에 의한 해제
- 최고 배제 특약이 있는 경우
- 담보책임규정이나 계약금에 의한 해제

(2) **최고해야 해제가 가능한 경우**
- 이행지체
- 이행거절의 의사표시를 하였다가 철회한 경우
- 완전이행이 가능한 형태의 불완전 이행

Check Point

① 채무자의 귀책사유에 의한 (이행지체 / <u>이행불능</u>)의 경우에 상대방은 최고 없이 계약을 해제할 수 있다.

② 채무의 이행이 불완전하고 완전한 이행이 (가능한 / <u>불가능한</u>) 경우에는 최고 없이 계약을 해제할 수 있다.

정답 72. ⑤

73. 해제에도 불구하고 보호받는 제3자에 해당하는 자를 모두 고른 것은? (다툼이 있으면 판례에 의함)

> ㉠ 해제된 매매 계약의 매수인으로부터 해제 전에 매매 목적물에 가등기를 경료 받은 자
> ㉡ 매도인으로부터 계약해제로 인하여 소멸되는 매매대금 채권을 양수한 양수인
> ㉢ 토지 매매 계약이 해제 된 경우, 그 토지 위에 매수인이 신축한 건물을 매수한 자
> ㉣ 매매 계약 해제 후 매수인 명의의 등기가 말소되기 전에 해제 사실을 모르고 목적물을 양도받아 이전등기를 완료한 자
> ㉤ 주택 매매 계약 해제로 소유권을 상실한 매수인으로부터 해제 전에 주택을 임차하여 인도와 주민등록을 완료한 임차인

① ㉠, ㉡, ㉢   ② ㉡, ㉢, ㉣
③ ㉢, ㉣, ㉤   ④ ㉠, ㉣, ㉤
⑤ ㉡, ㉣, ㉤

핵심 정리

(1) 해제의 제3자에 해당하는 자
- 해제로 소멸하는 계약으로 인하여 새로운 이해관계를 맺고 등기나 인도 등으로 완전한 권리를 취득한 자
- 해제 전에 이해관계를 갖게 된 자는 선의 악의 불문
- 해제 후에 이해관계를 갖게 된 자는 선의만 포함
- 제3자를 위한 계약이 해제 된 경우 해제 전에 등기를 경료 받은 수익자

(2) 해제의 제3자에 해당하지 않는 자
- 등기를 경료 받지 않은 자
- 채권을 양수, 전부, 가압류 한 자
- 해제 후에 악의로 이해관계 가진 자
- 미등기 매수인에게서 주택 임차한 자
- 토지 매매 해제된 경우 토지 위에 신축한 건물 양수인

Check Point

① 매매 계약이 해제 된 경우 (매매 목적물을 / 매매 대금 채권을) 가압류한 자는 제3자로 보호받을 수 있다.
② 매매 계약이 해제 된 후에 매매 목적물을 양도 받아 이전등기를 경료받은 자는 (선의 / 악의)인 경우에 제3자로 보호받을 수 있다.
③ 토지 매매 계약이 해제 된 경우, (그 토지를 / 그 지상에 신축된 건물을) 양도 받은 자는 제3자로 보호받을 수 없다.

정답 73. ④

74. 甲은 乙에게 X토지를 매도하고 소유권이전등기를 경료해 주었으나 乙로부터 매매대금의 일부를 지급받지 못하고 있다. 다음 설명 중 틀린 것은?(다툼이 있으면 판례에 의함)

① 乙이 매매대금을 지급하지 않을 의사를 명백히 하였다면 甲은 자기 채무의 이행을 제공하지 않고 계약을 해제할 수 있다.

② 甲은 乙의 매매 대금 미지급을 이유로 X토지를 점유하면서 유치권을 주장할 수는 없다.

③ 甲이 계약을 해제한 이후에도 乙에게 대금의 지급을 청구하면 계약을 위반한 乙도 이행을 거절할 수 있다.

④ 乙의 귀책사유로 매매 계약이 해제되는 경우에 甲은 대금을 반환함에 있어서 그 받은 날로부터 이자를 가산하여 반환하지 않아도 된다.

⑤ 乙의 원상회복의무뿐만 아니라 손해배상의무도 甲의 매매대금 반환의무와 동시이행의 관계에 있다.

핵심 정리

(1) **원상회복의무**
- 성질상 부당이득반환 (손해배상 ×)
- 반환 범위에 선의 악의 구분 없음
- 원물반환이 원칙
- 반환할 것이 금전인 경우에는 받은 날로부터 이자 가산 필요
- 대금에 가산하는 이자는 연5%

(2) **해제는 손해배상청구에 영향 없음**
- 해제하면서 손해배상청구 가능
- 해제하지 않고 손해배상청구 가능
- 손해배상은 이행이익을 배상

Check Point

① 원상회복의무는 (<u>부당이득반환</u> / 손해배상)의 성질을 갖는다.

② 매매 계약이 해제 된 경우, (<u>선의</u> / 악의) 매수인은 과실을 반환하여야 한다.

③ (매도인 / <u>매수인</u>)의 귀책사유로 매매 계약이 해제 된 경우, 매도인은 반환할 대금에 이자를 가산하여 반환하여야 한다.

④ 계약의 해제와 손해배상청구는 (<u>중첩적으로</u> / 선택하여) 행사할 수 있다.

정답 74. ④

Chapter 20 매 매

75. 계약금에 관한 설명으로 틀린 것은? (다툼이 있으면 판례에 의함)

① 매수인이 약정한 계약금을 지급하기 전이라면 계약금에 의한 매매 계약의 해제는 허용되지 않는다.

② 매매 계약이 무효 또는 취소되면 종된 계약인 계약금 계약은 효력을 잃는다.

③ 계약금은 해약금으로 추정된다.

④ 계약금의 해약금 성질은 당사자의 특약으로 이를 배제할 수 없다.

⑤ 계약금에 의한 해제가 가능한 경우에도 매수인의 채무불이행이 있으면 매도인에게 법정해제권이 인정된다.

핵심 정리

(1) **계약금 계약의 성질**
- 요물계약 (계약금 지급 시점에 성립)
- 종된계약 (주계약 무효되면 같이 무효)
- 주계약과 동시에 할 필요 없음

(2) **해약금 성질**
- 계약을 해제할 수 있게 하는 기능
- 계약금은 해약금으로 추정
- 특약에 의하여 배제할 수 있음

(3) **위약금 기능**
- 특약이 있는 경우에 한하여 발생
- 위약금은 손해배상액 예정으로 추정

Check Point

① 계약금은 다른 특약이 없는 이상 (<u>해약금</u> / 손해배상액의 예정)으로 추정된다.

③ 매수인의 채무불이행을 이유로 매도인이 계약을 해제하면 매수인이 교부한 계약금은 (매도인에게 당연히 귀속된다. / <u>매수인에게 반환하여야 한다.</u>)

정답 75. ④

76. 甲은 자기 소유의 토지를 乙에게 매도하면서 계약금을 수령하였다. 다른 특약은 없을 때 다음 중 틀린 것은? (다툼이 있으면 판례에 의함)

① 甲이 해제권을 행사하기 위해서는 계약금의 배액을 제공하여야 하지만 乙이 계약금의 수령을 거절하더라도 이를 공탁하여야 하는 것은 아니다.

② 만일 甲이 약정한 계약금의 일부만을 지급받은 경우에도 甲은 지급받은 계약금의 배액만을 상환하면 매매 계약을 해제할 수 있다.

③ 乙이 중도금을 지급한 후에는 이행에 착수하지 않은 甲도 계약금에 의한 해제를 할 수 없다.

④ 甲이 계약금에 의한 해제를 하는 경우 원상회복 의무나 손해배상청구권은 발생되지 않는다.

⑤ 특별한 사정이 없는 한 乙의 중도금 미지급을 이유로 甲이 매매 계약을 해제하는 경우에도 乙이 지급한 계약금이 甲에게 당연히 귀속되는 것은 아니다.

핵심 정리

(1) **해약금 해제의 요건과 효과**
  - 계약금 지급 이후 당사자 일방의 이행 착수 전까지
  - 교부자는 계약금을 포기하고, 수령자는 배액을 제공
  - 계약금의 배액을 제공하였으나 상대방이 수령하지 않는다고 하여 공탁할 필요 없음
  - 계약금 해제의 경우 원상회복이나 손해배상청구권 없음

(2) **이행의 착수에 해당하는지 여부**
  - 매수인의 중도금 지급 ○
  - 매도인의 등기서류 제공 ○
  - 토지거래 허가 신청 및 처분 ×
  - 대금 청구소송 제기 ×

(3) **약정 계약금의 일부 만 지급 된 경우**
  - 배액제공의 기준이 되는 금액은 약정한 계약금 전부
    cf) 일부 지급된 금액의 배액으로 해제 불가능

(4) **매수인이 계약 위반해도 위약금 특약이 없는 이상 계약금 몰취 불가능**

Check Point

① 계약금을 3천만원 지급하기로 한 매수인이 1천만원을 지급한 상태에서는 매도인은 (2천만원만 제공하면 계약을 해제할 수 있다. / __계약금에 의한 해제를 할 수 없다.__)

② (__매수인의 중도금 지급__ / 매도인의 대금 청구 소송 / 토지거래허가신청) 후에는 매도인은 계약금의 배액을 제공하고 계약을 해제 할 수 없다.

정답 76. ②

77. 매도인의 담보책임에 관한 설명으로 옳은 것은? (다툼이 있으면 판례에 의함)

① 전부타인권리 매매임을 알고 있었던 매수인은 목적물의 소유권을 취득할 수 없게 되더라도 매매 계약을 해제할 수 없다.

② 매매 목적물의 일부가 타인의 소유임을 모르고 있었던 매수인은 계약을 한 날로부터 1년 내에 한하여 대금의 감액을 청구할 수 있다.

③ 매매 목적물에 지상권이 설정되어 있음으로 인하여 매수인이 계약의 목적을 달성할 수 없는 경우에는 악의 매수인도 계약을 해제할 수 있다.

④ 매매 목적물에 저당권이 설정되어 있음을 알고 있었던 매수인도 그 저당권의 실행으로 소유권을 상실하면 계약을 해제하고 손해배상을 청구할 수 있다.

⑤ 가압류가 경료 되어 있는 사실을 알고 부동산을 매수한 매수인은 가압류 채권자의 강제경매로 소유권을 상실하더라도 매도인에게 손해배상을 청구할 수 없다.

핵심 정리

(1) **전부타인권리 (기간×)**
 - 해제권 : 선의, 악의 매수인
 - 손해배상청구권 : 선의 매수인

(2) **일부타인권리 (기간 1년)**
 - 해제권 : 선의 매수인
 - 손해배상청구권 : 선의 매수인
 - 대금감액청구권 : 선의, 악의 매수인

(3) **수량부족, 일부멸실 (기간 1년)**
 - 해제권 : 선의 매수인
 - 손해배상청구권 : 선의 매수인
 - 대금감액청구권 : 선의 매수인

(4) **제한물권(저당권 제외)설정 (기간 1년)**
 - 해제권 : 선의 매수인
 - 손해배상청구권 : 선의 매수인

(5) **저당권, 전세권 실행 (기간×)**
 - 해제권 : 선의, 악의 매수인
 - 손해배상청구권 : 선의, 악의 매수인

Check Point

① 전부타인권리 매매의 경우, 매도인에게 귀책사유 없이 계약을 이행할 수 없는 경우에도 (<u>선의</u> / 악의) 매수인은 손해배상을 청구할 수 있다.

② 매매 목적물의 일부가 타인의 권리임으로 인하여 계약의 목적을 달성할 수 없는 선의 매수인은 (<u>그 사실을 안 날</u> / 계약을 한 날)로부터 1년 내에 대금의 감액을 청구할 수 있다.

정답 77. ④

80 민석기 민법·민사특별법

78. 매도인의 담보책임에 관한 설명으로 틀린 것은? (다툼이 있으면 판례에 의함)

① 매매나 경매 자체가 무효인 경우에는 매도인의 담보책임은 인정될 수 없다.

② 매매 목적물에 하자가 있는지 여부는 매매 계약 체결 당시를 기준으로 판단한다.

③ 법률적 제한에 의하여 매수한 토지에 건물을 지을 수 없게 되었다면 이는 권리의 하자에 해당한다.

④ 경매에 있어서는 물건의 하자에 관한 담보책임은 인정되지 않는다.

⑤ 하자담보책임에 기한 매수인의 손해배상청구권에는 민법 제582조의 제척기간 규정으로 인하여 소멸시효 규정의 적용이 배제되는 것은 아니다.

핵심 정리

(1) 담보책임은 법정무과실 책임
　－ 매도인에게 고의 과실이 없어도 인정
　－ 매도인의 귀책사유로 소유권을 이전할
　　수 없다면 채무불이행 책임 발생

(2) 매매나 경매가 무효인 경우에는 담보책임
　부정

(3) 물건의 하자 담보책임
　－ 매수인 선의 무과실 필요
　－ 제척기간 6개월 적용
　　cf) 소멸시효와 함께 적용 됨
　－ 경매에 적용 없음
　－ 법률적 제한도 물건의 하자로 분류

Check Point

① 매도인의 담보책임은 매도인에게 귀책사유가 (있는 경우에만 / <u>없는 경우에도</u>) 인정된다.

② 물건의 하자로 인한 매도인의 담보책임이 인정되는 경우, 손해배상액을 산정함에 있어서 매수인에게도 과실이 있다면 (과실상계에 의하여 / <u>매수인의 잘못을 참작하여</u>) 손해배상액을 산정할 수 있다.

④ 매도인의 담보책임은 매매 계약이 (<u>유효</u> / 무효)인 경우에 인정된다.

③ (권리의 하자 / <u>물건의 하자</u>) 로 인한 담보책임은 경매에는 적용되지 않는다.

⑤ 법령상 제한으로 인하여 매수한 토지에 건물을 지을 수 없는 경우, 이는 (권리의 하자 / <u>물건의 하자</u>)에 해당한다.

정답 78. ③

79. 매매 계약 및 매매의 일방예약에 관한 설명으로 틀린 것은? (다툼이 있으면 판례에 의함)

① 매매 계약의 목적물이 매도인 소유가 아닌 경우에도 매매 계약에 따른 매도인의 의무는 발생된다.

② 목적물의 인도전에 매수인이 매매대금을 완납하였더라도 그 목적물의 과실수취권은 매도인이 갖는다.

③ 매매예약 성립 후 당사자 일방의 예약완결권의 행사 전에 상대방의 매매목적물이 멸실된 경우, 매매예약 완결의 의사표시가 있더라도 매매의 효력이 생기지 않는다.

④ 매매의 일방예약에 있어서 당사자 일방이 매매를 완결할 의사를 표시한 때에 매매의 효력이 생긴다.

⑤ 당사자 사이에 예약완결권의 행사기간을 정하지 않은 경우에 예약완결권은 매매예약 성립일로부터 10년 이내에 행사되어야 한다.

핵심 정리

(1) 매매 계약의 특징
- 쌍무, 유상, 낙성, 불요식
- 대금은 금전에 한함
- 타인 소유물에 대한 매도도 유효
- 목적물 인도 전의 과실은 매도인 귀속
  cf) 대금이 완납되면 과실은 매수인 귀속
- 매매 비용은 당사자 균분이 원칙

(2) 매매 예약완결권
- 성질상 형성권 (상대방 승낙 불필요)
- 예약완결권은 가등기 가능
- 행사기간 정한 경우 그 기간 내에 행사
- 행사기간 정하지 않았다면 예약 성립일부터 10년동안 행사 가능
- 예약완결권 행사기간은 제척기간(직권조사)

Check Point

① 매매 계약 체결 후 인도 전에 대금이 (완납되기 전이라면 / <u>완납되었다면</u>) 과실은 매수인에게 귀속된다.

② 매매예약완결권을 행사하면 상대방의 승낙이 (있어야 / <u>없어도</u>) 매매 계약이 성립된다.

③ 예약완결권의 행사기간을 (정한 / <u>정하지 않은</u>) 경우, 예약완결권은 예약이 성립한 날로부터 10년 내에 행사하여야 한다.

정답 79. ②

80. 甲은 乙에게 X토지를 매도하면서 같은 토지를 환매하기로 특약하였다. 다음 설명 중 틀린 것은?

① 환매특약이 효력이 있으려면 매매 계약과 반드시 동시에 하여야 한다.

② 환매 기간은 5년을 넘지 않는 범위 내에서 연장할 수 있다.

③ 甲과 乙의 매매 계약이 무효가 되면 환매특약도 효력을 잃는다.

④ 甲이 환매권을 행사하면 乙의 승낙이 없어도 환매의 효력이 발생된다.

⑤ 환매특약이 등기되어 있는 경우, 甲은 乙로부터 부동산을 매수한 丙에게도 환매권을 주장할 수 있다.

핵심 정리

(1) **환매권의 특징**
  － 형성권 (상대방 승낙 불필요)
  － 매매 계약과 반드시 동시에 하여야 함
  － 매매가 무효 되면 환매도 무효

(2) **환매 기간**
  － 부동산 5년 한도
  － 환매 기간 연장 불가능

(3) **환매권을 등기하여야 제3자에게 대항 가능**

Check Point

① (환매특약 / 계약금 계약)은 매매 계약과 동시에 하여야 한다.

② (환매기간 / 공유물 분할금지 기간)은 연장하지 못한다.

② 甲이 乙에게 부동산을 매도하면서 환매특약을 하고 이를 등기한 경우, 乙은 (그 부동산을 제3자에게 처분하지 못한다. / 제3자에게 환매권을 주장할 수 있다.)

정답 80. ②

Chapter 21 교 환

81. 甲은 乙에게 X토지를 이전하고 乙은 甲에게 Y건물을 이전하기로 하는 교환계약을 체결하였다. 다음 설명 중 틀린 것은?

① 甲과 乙의 교환계약은 성질상 요물계약이다.

② 甲과 乙의 교환계약에도 동시이행항변권이 인정될 수 있다.

③ 계약체결 후 X토지가 국가에 수용된 경우, 甲은 乙에게 Y건물의 이전을 청구하지 못한다.

④ X토지가 제3자의 소유임으로 인하여 甲이 乙에게 이전하지 못하는 경우, 乙이 그 사실을 알고 있었던 경우에도 교환계약을 해제할 수 있다.

⑤ 甲이 X토지 소유권 이전 의무의 이행을 명백히 거절하면 乙은 Y건물의 이행을 제공함이 없이 계약을 해제할 수 있다.

[핵심 정리]

(1) **교환계약의 성질**
  - 쌍무, 유상, 낙성, 불요식 계약
  - 요물계약 ✕

(2) **쌍무계약의 원리 적용 가능**
  - 동시이행항변권 적용 가능
  - 위험부담의 원리 적용 가능

(3) **매매 계약의 원리 적용 가능**
  - 매매 대금에 관한 규정을 보충금에 적용 가능
  - 매도인의 담보책임 규정 준용 가능

[Check Point]

① 교환계약은 성질상 (<u>낙성</u> / 요물) 계약이다.

② 교환계약에도 동시이행항변권이나 위험부담에 관한 규정이 적용될 수 (<u>있다.</u> / 없다.)

③ 교환계약에도 매도인의 담보책임에 관한 규정이 적용될 수 (<u>있다.</u> / 없다.)

[정답] 81. ①

Chapter 22 임대차

82. 다음 중 민법상 임대차 계약에 관한 설명으로 틀린 것은? (다툼이 있으면 판례에 의함)

① 임대차 계약의 존속기간을 영구무한으로 하는 것도 가능하다.

② 통상의 임대차 관계에 있어서 임대인은 특별한 사정이 없는 한 임차인의 안전을 배려할 의무까지 부담하는 것은 아니다.

③ 임대인의 수선의무를 면제하는 특약을 하는 경우에도 대규모 수선에 대해서는 여전히 임대인이 의무를 부담한다.

④ 임대인의 귀책사유 없이 임대차 목적물에 하자가 발생된 경우에도 임대인은 수선의무를 부담한다.

⑤ 임대차 계약 존속 중 임차인이 연체한 차임은 보증금에서 당연히 공제된다.

[핵심 정리]

(1) **통상임대차에서 임대인은 안전배려의무 없음**
   cf) 일시사용 임대차에서 임대인은 안전배려의무 있음

(2) **대규모 수선은 임대인이 수선의무 부담**
   cf) 소규모 사소한 수선은 임차인이 부담

(3) **임대차 종료 후 보증금에서 연체차임 당연 공제 인정**
   cf) 임대차 존속 중 연체차임 당연 공제 부정

(4) **임대인은 기간중 보증금에서 연체차임 공제 주장 가능**
   cf) 임차인은 공제 주장 불가능

[Check Point]

① 임대차 목적물에 대한 (<u>대규모</u> / 소규모) 수선은 임대인이 하여야 한다.

② (통상의 / <u>일시사용을 위한</u>) 임대차의 경우에 임대인은 임차인의 안전을 배려해야 할 의무를 부담한다.

③ (<u>임대인</u> / 임차인)은 연체차임을 보증금에서 공제할 것을 주장할 수 있다.

④ 임차인이 연체한 차임은 임대차 계약 (존속 중 / <u>종료 후</u>)에 보증금에서 당연히 공제된다.

정답 82. ⑤

83. 비용상환청구권과 부속물매수청구권에 관한 설명으로 틀린 것은? (다툼이 있으면 판례에 의함)

① 임차인의 필요비상환청구권은 지출 즉시 행사가 가능하다.

② 임차인의 유익비상환청구권은 당사자의 약정에 의하여 포기할 수 있다.

③ 임차인이 임차 목적 건물에 부속시킨 물건이 기존 건물에 부합하여 독립성을 상실하였다면 부속물매수청구의 대상이 된다.

④ 부속물매수청구권의 대상이 되는 물건은 임대인의 동의를 받아 부속한 것이거나 임대인으로부터 매수한 것이어야 한다.

⑤ 부속물매수청구권을 포기하기로 하는 약정은 특별한 사정이 없는 한 효력이 없다.

핵심 정리

(1) **비용상환청구권**	(2) **부속물매수청구권**
− 필요비 : 지출 즉시 청구	− 임대인 동의 얻어 부속한 물건
− 유익비 : 계약 종료 시 청구	− 임대인으로부터 매수하여 부속한 물건
− 임의규정 : 포기특약 유효	− 임차인 소유의 독립성 있는 물건
− 행사기간 : 6개월	− 강행규정 : 포기특약 무효
− 유치권의 피담보 채권으로 가능	− 채무불이행 해지의 경우 불가능

Check Point

① 임차인의 (<u>필요비</u> / 유익비) 상환청구권은 지출즉시 행사할 수 있다.

② (<u>비용상환청구권</u> / 부속물매수청구권) 은 당사자의 특약으로 포기할 수 있다.

③ 임차 건물에 부속한 물건이 독립성을 (<u>갖춘</u> / 갖추지 못한) 경우, 부속물매수청구권의 대상이 된다.

④ 임차인이 (부속물 / <u>지상물</u>) 매수청구권을 행사하려면 먼저 갱신청구를 하여야 한다.

정답 83. ③

84. 토지임차인의 지상물매수청구권에 관한 설명으로 틀린 것은? (다툼이 있으면 판례에 의함)

① 임대차 존속기간 만료 후 지체없이 갱신을 청구하지 않은 임차인은 지상물매수청구권을 행사할 수 없다.

② 기간의 정함이 없는 임대차가 임대인의 해지통고로 소멸한 경우에 임차인은 갱신청구를 하지 않고 매수청구를 할 수 있다.

③ 임대인 토지와 제3자 토지에 걸쳐서 건립되어 있는 건물도 그 전부에 대한 지상물매수청구권이 인정된다.

④ 지상물 매수청구권은 강행규정이지만 임차인의 채무불이행을 이유로 임대차 계약이 해지되는 경우에는 지상물매수청구권이 인정되지 않는다.

⑤ 토지 임차인이 임대차 종료 후에 지상물 매수청구권을 행사하면서 토지를 계속 사용하고 있다면 임대료 상당의 부당이득반환의 의무를 부담한다.

핵심 정리

(1) **지상물매수청구권은 편면적 강행규정**
 - 지상물매수청구권 포기특약 무효

(2) **지상물매수청구권 요건**
 - 기간 만료시 갱신청구 먼저 한 후 매수청구
  cf) 임대인이 해지통고 하였다면 갱신청구 생략 가능
 - 채무불이행으로 인한 해지의 경우 지상물매수청구 불가능

(3) **지상물매수청구 대상**
 - 미등기 무허가 경제적 가치 없는 건물 가능
 - 임대인 동의 없이 지은 건물 가능
 - 저당권이 설정 된 건물 가능
 - 걸쳐서 건립된 건물은 구분소유의 객체가 될 수 있는 부분 만 가능

(4) **지상물매수청구의 효과**
 - 매수청구 즉시 매매 계약 성립
 - 등기 이전과 대금 지급 동시이행
 - 동시이행항변 동안에도 토지 임대료 지급할 의무가 있음

Check Point

① 기간 약정 없는 토지 임대차의 임대인이 계약의 해지를 통고한 경우, 임차인은 갱신청구를 (한 후에만 / <u>하지 않아도</u>) 지상물의 매수를 청구할 수 있다.

② 임차인 소유의 건물이 임대인 소유의 토지와 임차인 또는 제3자 소유의 토지에 걸쳐서 건립되어 있는 경우, (건물 전부에 대한 / <u>구분소유의 객체가 될 수 있는 부분에 한하여</u>) 지상물매수청구가 허용된다.

정답 84. ③

85. 임차인 乙은 임대인 甲의 동의를 얻어 임차목적 토지를 丙에게 전대하였다. 甲·乙·丙의 법률관계에 관한 설명으로 틀린 것은? (다툼이 있으면 판례에 의함)

① 丙은 甲에 대하여 직접 의무를 부담한다.

② 丙이 전대차계약상의 차임지급기일 전에 乙에게 지급한 차임으로 甲에게 대항하지 못한다.

③ 임대차와 전대차 계약이 모두 종료한 경우 丙은 甲에게 목적물을 반환하면 乙에 대한 목적물 반환의무를 면한다.

④ 甲과 乙의 합의로 임대차 계약을 해지하면 전대차 기간 종료 전이라도 丙의 권리는 소멸한다.

⑤ 甲이 乙의 차임 연체를 이유로 임대차 계약을 해지하기 위해서 그 사실을 丙에게 통지하여야 하는 것은 아니다.

핵심 정리

(1) 전차인의 권리 의무
- 전차인은 임대인에게 직접 의무 부담
- 전차인은 지급일 전에 전대인에게 지급한 차임으로 임대인에게 대항할 수 없음
- 전대차 종료 시 전차인이 임대인에게 목적물 반환하면 전대인에 대한 반환의무 면함
- 전차인은 임대인에게 지상물(부속물)매수청구권 직접 행사 가능

(2) 임대차 종료에 따른 효과
- 임대차 계약이 합의해지 되더라도 전차인의 권리는 존속
- 임대차 계약이 해지통고로 종료하기 위해서는 전차인에게도 통지 필요
- 임대차 계약이 2기 연체를 이유로 해지되는 경우 전차인에게 통지 불필요

Check Point

① 임대인의 동의 있는 전대차의 경우, 전차인은 임대인에게 직접 (차임지급 의무 / 목적물 반환의무 / 보증금반환청구권 / 부속물매수청구권)을 갖는다.

② 임대인의 동의 있는 전대차의 경우, 임대차 계약이 (합의 해지 / 해지) 되면 전차인의 권리는 소멸하지 않는다.

③ 임대인의 동의 있는 전대차의 경우, 임대차 계약이 (해지통고 / 해지)에 의하여 종료하면 임대인은 전차인에게 그 사실을 통지하여야 한다.

정답 85. ④

86. 임차인 乙은 임대인 甲의 동의 없이 丙에게 전대하였다. 甲·乙·丙의 법률관계에 관한 설명으로 틀린 것은? (다툼이 있으면 판례에 의함)

① 甲은 乙과의 임대차 계약을 해지할 수 있다.

② 乙과 丙의 전대차 계약은 효력이 없다.

③ 甲이 임대차 계약을 해지하지 않았다면 乙에게 차임의 지급을 청구할 수 있다.

④ 甲이 임대차 계약을 해지하지 않았다면 丙에게 손해배상을 청구하지 못한다.

⑤ 甲의 동의가 없음으로 인하여 丙이 목적물을 사용할 수 없게 된 경우, 乙에게 귀책사유가 없는 경우에도 丙은 乙과의 계약을 해제할 수 있다.

핵심 정리

(1) **동의 없는 전대차의 경우 임대인은 임대차 해지 가능**
   cf) 임차인의 행위가 배신적 행위라고 볼 수 없는 경우에는 해지 불가능

(2) **무단 전대차도 당사자 사이에서 유효**
   cf) 임대인에게 대항할 수는 없음

(3) **임대차 해지한 경우**
   - 임대인은 목적물 점유자에게 반환청구 가능
   - 전차인은 담보책임 청구 가능

(4) **임대차 해지하지 않은 경우**
   - 임대인은 전차인에게 목적물을 임차인에게 반환하라고 청구 가능
   - 임차인에게 차임 청구 가능
   - 전차인에게 부당이득반환청구 불가능

Check Point

① 임차인이 임대인의 동의 없이 목적물을 전대하면 (<u>임대인은 계약을 해지할 수 있다.</u> / 전대차 계약은 효력이 발생되지 않는다.)

② 임차인이 임대인의 동의 없이 목적물을 전대하였으나 임대인이 계약을 해지하지 않았다면 임대인은 (<u>임차인에게 차임을 청구할 수 있다.</u> / 전차인에게 손해배상을 청구할 수 있다.)

정답 86. ②

Chapter 23 | 주택임대차보호법

87. 주택임대차보호법에 관한 설명으로 틀린 것은? (다툼이 있으면 판례에 의함)

① 주택임대차보호법은 등기하지 않은 전세계약에도 적용된다.

② 주택임대차보호법은 일시사용을 위한 임대차에는 적용하지 않는다.

③ 주택임대차보호법의 적용을 받는 주택에는 주택의 대지도 포함 된다.

④ 주택임대차보호법상 주택인지 여부는 임대차 계약 체결 당시에 건물의 실지 용도에 따라 결정된다.

⑤ 법인이 임차인인 경우에도 임대인으로부터 주택을 양수한 자는 임대인의 지위를 당연히 승계한다.

핵심 정리

(1) **주택임대차보호법 적용범위**
- 미등기 전세에도 적용
- 건물이 미등기 무허가인 경우에도 적용
- 일시사용 임대차에 부적용
- 법인이 임차인인 경우 부적용
  cf) LH, 지방공사, 중소기업이 임차인인
  경우 예외적 적용

(2) **주택인지 여부 판단**
- 건물의 실지 용도에 따라 판단
  cf) 공부상 기준에 따라 판단×
- 주택의 대지도 주택에 포함
- 임대차 계약 체결 당시를 기준으로 판단

Check Point

① (주택 / 상가건물) 임대차보호법은 등기하지 않은 전세계약에도 적용된다.

② (주택 / 상가건물) 임대차보호법은 일시사용을 위한 임대차임이 명백한 경우에는 적용되지 않는다.

③ (주택 / 상가건물) 임대차보호법은 법인이 임차인인 경우에는 원칙적으로 적용하지 않는다.

정답 87. ⑤

박문각 공인중개사

88. 주택임대차보호법에 관한 설명으로 틀린 것은? (다툼이 있으면 판례에 의함)

① 임차인이 다가구용 단독주택에 전입신고를 하면서 동호수의 기재를 누락하더라도 대항력을 취득할 수 있다.

② 담당공무원의 착오로 인하여 임차인이 신고서를 수정하여 제출함으로써 실제 지번과 다른 지번에 전입신고가 된 경우에는 임대차의 대항력이 인정될 수 없다.

③ 주민등록이 직권말소 된 후 이의절차에 의하여 말소된 주민등록이 회복되었다면 임대차의 대항력은 소급적으로 회복된다.

④ 기존의 채권으로 보증금 지급을 갈음한 경우에도 실제 주거용으로 목적물을 사용하고 있는 경우에는 임대차의 대항력이 인정될 수 있다.

⑤ 주택 임차인이 가족과 함께 그 주택을 점유하면서 가족의 주민등록을 그대로 둔 채 임차인만 주민등록을 다른 곳으로 옮긴 경우에도 대항력은 소멸한다.

핵심 정리

(1) **간접점유로 대항력 취득**
 - 직접점유자가 주민등록 완료한 경우

(2) **담당 공무원 착오로 다른 지번에 전입**
 - 임차인이 수정 안한 경우 대항력 인정
 - 임차인이 수정 한 경우 대항력 부정

(3) **동호수 누락한 전입신고**
 - 다가구 주택은 대항력 인정
 - 다세대, 연립, 아파트는 대항력 부정

(4) **가족과 함께 거주하며 일시 전출**
 - 임차인만 전출한 경우 대항력 유지
 - 가족과 함께 전출한 경우 대항력 상실

(5) **주민등록 직권말소의 경우**
 - 직권말소로 대항력 상실
 - 이의절차에 의하여 재전입하면 대항력 회복 가능
 - 이의절차 없이 재전입하면 대항력 회복 불가능

Check Point

① (다가구 주택 / 다세대 주택)을 임차하고 인도 받은 임차인이 주택의 동호수를 기재하지 않았다면 대항력이 인정되지 않는다.

② 주택 임차인이 주택에 대한 점유를 계속하고 있으면서 (가족 전부가 / 임차인만) 주민등록을 일시 다른 곳으로 옮긴 경우에는 대항력을 상실한다.

③ 주택 임차인이 전입신고를 올바르게 하였음에도 불구하고 담당 공무원의 실수로 (임차인의 수정 없이 / 임차인이 신고서를 수정하여) 다른 지번에 전입신고가 된 경우 대항력을 취득하지 못한다.

④ 주민등록이 직권말소 된 경우 (이의절차에 의하여 / 이의절차를 거치지 않고) 재전입신고를 한 경우, 소급하여 대항력이 회복된다.

정답 88. ⑤

파이널 패스 100선 **91**

89. 저당권이 설정되어 있지 않은 甲소유의 주택을 乙이 주거용으로 2년간 임대차한 경우에 관한 설명으로 틀린 것은? (다툼이 있으면 판례에 의함)

① 乙이 丙을 전차인으로 하여 간접점유 하는 경우, 丙이 주민등록을 완료한 경우라야 乙에게 대항력이 인정될 수 있다.

② 乙이 대항력을 취득한 후 甲소유의 주택이 丁에게 양도된 경우 乙에 대한 보증금 반환의무는 원칙적으로 丁에게 이전된다.

③ 존속기간이 만료 6개월 전부터 2개월 전까지 사이에 甲으로부터 주택을 양수하여 임대인 지위를 승계한 자의 거주를 목적으로는 갱신을 거절할 수 없다.

④ 乙이 2기분의 차임을 연체한 사실이 있는 경우, 甲은 임차인의 갱신요구를 거절할 수 있다.

⑤ 임대차 계약이 임차인의 갱신요구로 갱신된 경우에도 乙은 언제든지 임대차 계약의 해지를 통고할 수 있고 3개월이 경과하면 임대차가 종료한다.

핵심 정리

(1) **법정갱신**
 − 임대인이 기간 만료 전 6개월~2개월 사이에 통지하지 않은 경우
 − 임차인이 기간 만료 전 2개월 전까지 통지하지 않은 경우
 − 조건은 동일하고 기간은 2년으로
 − 임차인은 해지통고 가능하고 3개월 후 종료

(2) **갱신요구권**
 − 기간 만료 전 6개월 전부터 2개월 전까지 사이에 임차인이 갱신요구
 − 1회에 한하여 기간 2년으로 갱신
 − 임대인은 원칙적으로 갱신거절 불가능
 − 갱신거절 가능한 사유
  · 2기 차임 연체   · 무단전대
  · 고의 중과실 파손   · 철거 재건축
  · 임대인 또는 임대인 존비속 실거주 (임대인 지위 승계한자 거주 포함)
 − 실거주 목적으로 갱신거절 한 경우 2년 이내에 타인에게 임대하면 손해배상책임 발생

Check Point

① 임대차 계약이 묵시적으로 갱신 된 경우, (임대인 / <u>임차인</u>)은 언제든지 계약을 해지할 수 있고 3개월이 경과하면 임대차가 종료된다.

② 임차인이 갱신을 요구하더라도 (<u>임대인</u> / <u>임대인의 직계존비속</u> / 임대인의 형제) 가 거주하고자 하는 목적으로 갱신을 거절할 수 있다.

정답 89. ③

90. 주택임대차보호법에 관한 설명으로 틀린 것은? (다툼이 있으면 판례에 의함)

① 임차주택의 경매에도 불구하고 보증금을 전부 회수하지 못한 대항력 있는 임차인은 보증금을 모두 지급 받을 때까지 임차권의 존속을 주장할 수 있다.

② 임차인의 보증금 반환채권을 계약으로 양수한 은행 등 금융기관은 보증금의 회수를 위하여 임대차 계약을 해지할 수 있다.

③ 임대인이 차임을 증액하고자 하는 경우에도 증액되는 차임이 기존 차임의 20분의 1을 초과할 수 없다.

④ 임차인이 보증금의 회수를 위하여 주택에 대하여 확정판결에 의한 경매를 신청하기 위해서 반대의무의 이행을 집행개시의 요건으로 하지 않는다.

⑤ 저당권이 설정 된 주택을 임차하여 인도 및 주민등록을 마친 임차인은 경매로 인하여 대항력을 상실한다.

핵심 정리

(1) **대항력의 효과**
- 보증금 전액 회수시 까지 임대차 존속
- 임차주택 양수인은 임대인 지위 승계
  cf) 임차인이 이의제기하면 승계×
- 임차주택 양수인에게 보증금반환청구 가능

(2) **보증금반환채권 양수인**
- 원칙 : 우선변제권 승계×
- 금융기관 : 우선변제권 승계○
  cf) 보증금채권 양수한 금융기관은 임대차 해지 불가능

(3) **경매와 대항력**
- 대항력이 최선순위면 경매에서 배당요구 여부 선택 가능
- 대항력이 저당권 보다 후순위면 경매로 대항력 소멸
- 임차인이 집행권원을 받아 경매하는 경우 목적물 반환 없어도 무방함

Check Point

① 최선순위 저당권보다 (<u>먼저</u> / 늦게) 대항력을 취득한 임대차는 임차주택이 경매되더라도 보증금 전액을 변제 받을 때 까지 소멸하지 않는다.

② 주택임차인이 (목적물을 경매하려면 / <u>보증금을 수령하려면</u>) 주택을 임대인에게 인도하여야 한다.

③ 우선변제권을 취득한 임차인으로부터 임차권과 분리하여 보증금반환채권을 양도받은 (임차인의 모든 채권자 / <u>은행 등 금융기관</u>)은 우선변제권을 승계한다.

정답 90. ②

91. 주택임대차보호법에 관한 설명으로 틀린 것은? (다툼이 있으면 판례에 의함)

① 임차인이 보증금 회수를 위하여 임차 주택에 강제경매를 신청하였다면 배당요구를 하지 않아도 경매에서 보증금을 배당받을 수 있다.

② 임차인이 보증금 중 일정액을 선순위 저당권에 우선하여 배당받기 위하여서는 경매개시 전에 대항력과 확정일자를 갖추어야 한다.

③ 임차권등기명령에 따라 등기가 된 주택을 다시 임차한 임차인은 소액보증금 중 일정액에 대해서 선순위 담보물권에 우선하여 배당받을 수 없다.

④ 나대지에 저당권이 설정된 후에 비로소 건물이 신축된 경우에 건물을 임차한 소액임차인은 대지의 환가대금에 대하여 소액보증금의 우선변제를 받을 수 없다.

⑤ 임차인의 소액보증금 최우선변제권은 주택 가액의 2분의 1을 넘지 않는 범위 내에서만 인정된다.

핵심 정리

(1) **보증금 우선변제권**
- 요건: 대항력 + 확정일자
- 효과: 보증금 전액 순위배당

(2) **소액보증금 최우선 변제권**
- 요건: 경매 개시 전 대항력
- 효과: 보증금 중 일정액 최우선 배당
- 한계: 목적물 가액의 1/2까지만

(3) **임차인 배당요구 원칙적 필요**
cf) 배당요구 필요없는 경우
- 임차인 스스로 경매신청한 경우
- 임차권 등기된 경우

(4) **보증금 회수 관련 주요 판례**
- 확정일자 받은 계약서에 아파트 동호수 누락해도 우선변제권 취득 가능
- 나대지에 저당권이 설정된 후 신축 된 주택을 임차한 경우 토지 매각대금에서 최우선변제권 없음
- 보증금을 감액하여 소액보증금 최우선 변제의 대상자가 되는 것도 허용

Check Point

① 주택임차인의 소액보증금 최우선변제권이 인정되려면 주택에 대한 경매 개시결정 등기 전에 임차인이 (<u>대항력</u> / 대항력과 확정일자)를 갖추어야 한다.

② 임차 주택이 (<u>임차인의</u> / 제3자의) 경매신청으로 매각되는 경우, 임차인은 배당요구를 하지 않아도 보증금을 배당받을 수 있다.

정답 91. ②

Chapter 24 상가건물 임대차보호법

92. 상가건물 임대차보호법에 대한 설명으로 틀린 것은? (다툼이 있으면 판례에 의함)

① 임차인의 갱신요구권은 임대차 기간 만료 전 6개월 전부터 1개월 전까지 사이에만 행사할 수 있다.

② 보증금이 10억원인 상가건물의 임대차에는 최단기간을 1년으로 보장하는 규정이 적용되지 않는다.

③ 보증금이 10억원이고 존속기간을 정하지 않은 상가건물 임대차의 경우에는 임차인의 갱신요구권이 인정되지 않는다.

④ 상가건물 임대차의 법정갱신은 최초의 임대차 기간을 포함하여 10년을 초과하지 않는 범위 내에서만 행사할 수 있다.

⑤ 임차인이 임차한 건물의 전부 또는 일부를 중과실로 파손한 경우에는 임대인은 갱신을 거절할 수 있다.

핵심 정리

(1) **갱신요구 기간**
- 임대차 만료 전 6개월 ~ 1개월 사이
- 임대인이 먼저 해지통고 한 경우에도 인정
- 최초 임대차 포함 10년 한도
  cf) 법정갱신은 10년 한도 없음
  cf) 권리금 보호는 10년 한도 없음

(2) **임대인은 정당한 이유 없이 갱신거절 불가능**
cf) 갱신요구 거절이 가능한 사유
- 3기 연체
- 무단 전대
- 고의 중과실에 의한 목적물 파손
- 철거나 재건축을 위하여 필요한 경우

Check Point

① 환산보증금이 9억원을 초과하고 존속 기간을 (정한 / 정하지 않은) 상가건물에 대한 임대차에는 갱신요구권이 인정되지 않는다.

② 상가건물 임대차의 (갱신요구권 / 법정갱신 / 권리금 보호) 제도는 최초의 임대차 기간을 포함하여 10년을 초과하지 않는 범위 내에서만 인정된다.

③ 임차인이 (고의 / 중과실 / 경과실) 로 상가건물을 파손하였다면 임대인은 갱신을 거절할 수 있다.

정답 92. ④

93. 상가건물 임대차보호법의 권리금 대한 설명으로 틀린 것은? (다툼이 있으면 판례에 의함)

① 권리금에 관한 규정은 환산보증금의 액수에 관계없이 적용된다.

② 상가건물의 전대차 계약에도 권리금에 관한 규정은 적용된다.

③ 임차인이 권리금을 보호받으려면 기간 만료 6개월 전부터 만료 전까지 사이에 신규임차인이 되려는 자와 권리금 계약을 하여야 한다.

④ 임차인이 과거에 3기분에 이르는 차임을 연체한 사실이 있는 경우, 임대인이 권리금 회수 방해로 인한 손해배상 책임에서 면제된다.

⑤ 상가건물 임차인의 권리금 보호에 관한 규정은 최초 임대차 기간을 포함하여 10년을 초과하는 경우에도 인정된다.

핵심 정리

(1) **환산보증금이 서울 기준 9억원 초과하는 경우에도 적용되는 규정**
- 대항력
- 갱신요구권(9억 초과시 기간약정 없으면 적용 불가능)
- 권리금
- 3기 연체 시 해지
- 감염병 예방법률에 따른 해지

(2) **권리금 규정 주요 내용**
- 기간 만료 전 6개월부터 만료 전까지 권리금 회수 방해한 임대인은 손해배상 책임 발생
- 권리금 보호에 10년 한도 없음
- 손해배상책임 소멸시효 3년
- 갱신요구거절 사유 있으면 임대인의 손해배상 책임 없음
- 국(공)유재산, 대규모점포, 전대차에는 권리금 규정 적용 없음
- 1년 6개월간 영리목적 사용 없으면 신규 임차인 되려는 자와 계약 거절 가능

Check Point

① 환산보증금이 9억원을 (초과하는 / <u>이하인</u>) 상가건물의 임대차는 1년 미만으로 정한 기간을 임대인이 주장하지 못한다.

② 환산보증금이 9억원을 초과하는 상가건물의 임대차에는 (대항력 / <u>보증금 우선변제권</u>) 규정이 적용되지 않는다.

③ 임차인이 3기 차임을 연체한 사실이 있으면 (<u>임대인이 갱신을 거절할 수 있다.</u> / <u>권리금 회수 방해로 인한 임대인의 손해배상책임이 면제 된다.</u>)

정답 93. ②

Chapter 25 가등기담보 등에 관한 법률

94. 가등기담보 등에 관한 법률에 대한 설명으로 틀린 것은? (다툼이 있으면 판례에 의함)

① 대물변제예약 당시의 담보물의 가액이 차용액 및 이에 붙인 이자의 합산액에 미치지 못하는 경우에는 가등기담보 등에 관한 법률은 적용되지 않는다.

② 공사대금채권이나 매매대금채권을 담보하기 위한 목적으로 가등기나 소유권이전등기를 경료 한 경우에는 이 법의 청산절차는 적용되지 않는다.

③ 대물변제 예약을 하면서 채권담보 목적의 등기를 경료하지 않은 경우에도 채권자는 청산절차를 거치지 않으면 가등기담보법을 위반한 것이 된다.

④ 양도담보권이 설정 된 토지의 과실수취권은 청산절차가 완료 된 후 부터 채권자에게 이전된다.

⑤ 청산기간이 경과한 후에도 청산금이 지급되기 전이라면 채무자는 피담보채무를 모두 변제하고 담보가등기의 말소를 청구할 수 있다.

핵심 정리

(1) **가등기담보권(양도담보권)의 성질**
- 저당권 유사의 담보물권
- 양도담보권자는 청산절차 이후에 소유권 취득
- 양도담보권자도 물상대위 가능

(2) **가등기담보법 적용대상**
① 예약 당시 목적물 가액 > 대여금 + 약정이자
- 선순위 저당권의 피담보채권액은 목적물 가액에서 공제하고 비교
② (준)소비대차 채권 만
- 매매대금채권×, 공사대금채권×
③ 가등기 또는 소유권이전등기
- 동산에 적용×
- 등기하지 않은 경우 청산절차 불필요

Check Point

① 3억원의 대여금 채권을 담보하기 위하여 (2억원 / <u>4억원</u>)의 부동산에 가등기를 경료한 경우에 가등기담보등에 관한 법률을 적용한다.

② (<u>대여금</u> / 매매대금 / 공사대금) 채권을 담보하기 위한 가등기에 대하여 가등기담보법이 적용된다.

정답 94. ③

95. 甲소유의 X건물(7억원)에는 乙이 4억원의 대여금 채권을 담보하기 위하여 가등기를 경료 받았고 그 후 丙이 저당권을 취득하였다. 다음 설명 중 틀린 것은? (다툼이 있으면 판례에 의함)

① 乙이 甲에게 담보권 실행 및 청산금의 액수를 통지하고 2개월이 경과하기 전에 한 본등기는 효력이 없다.

② 乙이 통지한 청산금의 가액이 객관적 가액에 미달하는 경우에도 실행통지의 효력이 발생될 수 있다.

③ 청산기간 도중에 丙은 자기 채권의 변제기가 도래하기 전이라도 경매를 신청할 수 있다.

④ 청산기간 중에 丙의 경매 신청이 있으면 乙은 본등기를 청구할 수 없다.

⑤ 가등기담보권자가 우선변제 받는 채권액은 청산금 지급 당시에 확정된다.

핵심 정리

(1) **청산절차 일반**
- 채권자는 귀속청산과 처분청산 선택 가능
  cf) 사적실행으로 처분청산을 불가능
- 청산기간 동안 후순위 저당권자는 변제기 도래 전이라도 경매청구 가능
- 청산기간 동안 다른 채권자의 경매신청 있으면 본등기 청구 불가능
- 우선변제 받을 채권액은 실행통지 당시를 기준으로 확정
- 청산금지급 전까지 변제하면 담보가등기 말소 가능
  cf) 변제기 후 10년 경과하거나 선의의 제3자가 취득한 등기는 말소 불가능

(2) **귀속청산의 필수 절차**
① 실행통지
- 청산금 없어도 통지 필요
- 객관적 가액에 미달해도 유효
- 채무자, 물상보증인, 담보목적물을 취득한 제3자에게 모두 실행통지 필요
- 채무자는 청산금 액수를 다툴 수 있음
  cf) 채권자는 청산금 액수를 다툴 수 없음
② 청산기간
- 실행통지 도달일부터 2개월
③ 청산금 지급
- 본등기와 청산금 지급 동시이행

Check Point

① (채권자 / **채무자**)는 청산금의 액수에 관하여 다툴 수 있다.
② 가등기 담보권에 기한 청산기간 중에 후순위 저당권자는 변제기가 (**도래하기 전이라도** / 도래한 경우에 한하여) 경매를 신청할 수 있다.
③ 가등기담보권자가 우선변제 받을 채권액은 (**실행통지 당시** / 청산금 지급 당시)를 기준으로 확정된다.

정답 95. ⑤

Chapter 26 집합건물의 소유 및 관리에 관한 법률

96. 집합건물의 소유 및 관리에 관한 법률에 관한 설명으로 옳은 것은? (다툼이 있으면 판례에 의함)

① 집합건물의 공용부분은 규약으로 정하면 전유부분과 분리하여 처분할 수 있다.

② 구분소유자는 공용부분이나 집합건물의 대지를 지분의 비율로 사용할 수 있다.

③ 공용부분의 변경에 관한 사항은 관리단 집회에서 구분소유자 및 의결권의 각 3/4으로 결정한다.

④ 공용부분에 관한 물권변동의 효력이 발생되려면 등기를 필요로 한다.

⑤ 관리단은 공용부분이나 대지를 정당한 권한 없이 사용하는 자에 대하여 부당이득의 반환을 청구할 수 있다.

핵심 정리

(1) **공용부분의 법률관계**
   - 공용부분 지분은 전유부분 면적비율로
   - 공용부분 지분은 전유부분 처분에 따라
   - 공용부분은 전유부분과 분리하여 처분 불가능
   - 공용부분의 물권변동은 등기 불필요
   - 공용부분 사용은 용도에 따라
   - 구분소유자 중 1인이 공용부분을 배타적으로 사용하면 부당이득반환 필요
   - 전유부분 하자는 공용부분 하자로 추정
   - 공용부분 분할청구 불가능

(2) **공용부분 변경 정족수**
   - 경미하고 사소한 것 : 과반수로 결의
   - 재산권 비율에 변동 없으면 2/3 결의
   - 재산권 비율에 변동 있으면 4/5 결의

Check Point

① 집합건물의 공용부분에 대한 지분은 전유부분의 (<u>면적</u> / 가액) 비율로 정한다.

② 공용부분을 변경에 관한 사항은 원칙적으로 관리단 집회에서 구분소유자 및 의결권의 각 (<u>3분의 2</u> / 4분의 3)이상으로 결정한다.

③ 각 구분소유자는 공용부분 및 대지를 (지분의 비율로 / <u>용도에 따라</u>) 사용할 수 있다.

④ 구분소유자 중 1인이 공용부분의 일부를 배타적으로 사용하는 경우, 다른 구분소유자는 (공용부분의 인도 / 점유의 배제 / <u>부당이득의 반환</u>)을 청구할 수 있다.

정답 96. ⑤

97. 집합건물의 소유 및 관리에 관한 법률에 관한 설명으로 틀린 것은? (다툼이 있으면 판례에 의함)

① 전유부분에 설정된 저당권의 효력은 대지사용권에도 미친다.

② 대지사용권은 규약에 의하여 전유부분과 분리처분 할 수 있다.

③ 구분소유자가 아닌 대지 공유자는 원칙적으로 집합건물의 대지를 사용하고 있는 구분소유자들에게 부당이득의 반환을 청구할 수 없다.

④ 구분소유자의 특별승계인은 전 구분소유자가 체납한 관리비 중 공용부분에 관한 관리비와 그 연체료를 승계하여야 할 책임이 있다.

⑤ 재건축 결의는 관리단 집회에서 구분소유자 및 의결권의 각 5분의 4 이상으로 결의한다.

핵심 정리

(1) 대지사용권
- 소유권, 지상권, 임차권 등을 통칭함
- 전유부분과 원칙적 분리처분 금지
  cf) 규약에 의하여 분리처분 가능
- 전유부분에 설정된 저당권은 대지사용권에도 효력 미침

(2) 체납관리비 승계
- 전유부분 관리비 : 승계×
- 공용부분 관리비 : 승계○
- 공용부분 관리비 연체료 : 승계×

(3) 재건축 결의
- 구분소유자 및 의결권의 각 4/5
- 결의 변경은 조합원 4/5
- 단지 일괄 재건축은 각 동별 4/5
- 서면 결의 가능
- 비용부담자 정함 없이 결의하면 무효

Check Point

① (공용부분 / <u>대지사용권</u>)은 규약으로 전유부분과 분리처분할 수 있다.

② 구분소유자가 체납한 관리비 중 (전유부분 / <u>공용부분</u>) 관리비는 전유부분 승계인에게 이행을 청구할 수 있다.

③ (<u>공용부분 관리비</u> / 공용부분 관리비에 대한 연체료)에 대한 지급 책임은 전유부분을 승계한 자에게 승계된다.

정답 97. ④

Chapter 27 | 부동산 실권리자명의 등기에 관한 법률

98. 부동산 실권리자명의 등기에 관한 법률에 대한 설명으로 틀린 것은? (다툼이 있으면 판례에 의함)

① 종교단체의 하위 조직이 소유한 재산을 종교단체 명의로 등기하는 것은 조세포탈 등의 부정한 목적이 없으면 유효로 한다.

② 유효한 명의신탁의 신탁자가 사망한 경우 그 배우자인 명의수탁자와 신탁자의 상속인 사이에는 유효한 명의신탁 관계가 유지된다.

③ 명의신탁자와 수탁자의 혼인으로 등기명의자가 법률상 배우자가 된 경우, 위법한 목적이 없는 한 명의신탁약정은 혼인한 때로부터 유효로 된다.

④ 명의신탁자와 계약을 체결하고 수탁자로부터 등기만을 경료 받은 자도 명의신탁 약정 및 그로 인한 물권변동의 무효로 대항하지 못하는 제3자에 해당한다.

⑤ 무효인 명의신탁약정에 기하여 타인명의의 등기가 마쳐졌다고 하더라도 그것이 당연히 불법원인 급여에 해당하는 것은 아니다.

핵심 정리

(1) **명의신탁에서 제외된 것**
- 가등기(양도)담보권
- 신탁법상 신탁
- 구분소유적 공유

(2) **명의신탁의 유효성**
- 원칙적 무효 (반사회×)
- 예외적 유효 (종중, 배우자, 종교단체)

(3) **명의신탁 판례**
- 배우자에 사실혼 배우자 불포함
- 신탁자와 수탁자 혼인하면 혼인한 때부터 명의신탁 유효
- 유효 명의신탁의 일방 당사자 상속하면 유효
- 신탁자와 계약하고 수탁자로부터 등기만 경료 받은 자는 제3자 아님

Check Point

① 조세포탈 등의 목적이 없는 이상 (<u>법정</u> / 사실혼) 배우자 사이의 명의신탁 약정은 효력이 있다.

② 사실혼 관계에 있던 신탁자와 수탁자가 혼인하면 명의신탁 약정은 (소급하여 / <u>혼인한 때로부터</u>) 유효한 것으로 된다.

정답 98. ④

99. 甲은 丙으로부터 2024년에 丙소유의 X토지를 매수하는 계약을 체결하면서 소유권이전등기를 여자친구 乙명의로 하기로 乙과 명의신탁약정을 하였다. 그 후 丙은 乙명의로 소유권이전등기를 해 주었다. 틀린 것은? (다툼이 있으면 판례에 의함)

① 乙명의의 소유권이전등기는 효력이 없다.

② 甲은 乙에게 직접 소유권이전등기의 말소를 청구할 수 있다.

③ 乙이 甲에게 스스로 소유권이전등기를 경료해 주었다면 甲은 X토지의 소유권을 취득할 수 있다.

④ 乙이 제3자 丁에게 X토지를 처분하고 수령한 금원은 甲에게 반환하여야 한다.

⑤ 甲과 매매 계약을 체결한 자가 乙로부터 경료 받은 소유권이전등기도 실체관계에 부합하는 유효한 등기가 될 수 있다.

핵심 정리

(1) **중간생략등기형 명의신탁 개념**
 － 매수인과 이전등기 받은 자가 다른 형태

(2) **명의신탁 및 물권변동의 효력**
 ① 명의신탁 약정 무효
 ② 수탁자 명의 등기는 무효
 ③ 제3자는 선의 악의에 관계없이 소유권 취득 가능

(3) **신탁자와 계약하고 수탁자로부터 등기만 받은 자**
 ⇨ 제3자 × / 소유권 취득 ○

(4) **신탁자의 권리**
 － 신탁자는 수탁자에게 직접 등기청구 불가능
 － 신탁자는 매도인을 대위하여 수탁자 명의 등기말소 가능
 － 수탁자가 스스로 신탁자에게 이전등기 해주면 유효
 － 수탁자가 제3자에게 목적물 처분하고 받은 대금은 신탁자에게 반환

Check Point

① 중간생략등기형 명의신탁의 경우, 신탁자는 수탁자에게 (직접 / <u>매도인을 대위하여</u>) 말소등기를 청구할 수 있다.

② 중간생략등기형 명의신탁의 경우, 신탁자와 계약을 체결하고 수탁자로부터 등기를 넘겨받은 자는 (제3자에 해당하여 / <u>실체관계에 부합하므로</u>) 소유권을 취득할 수 있다.

정답 99. ②

100. 2024년에 甲은 친구 乙과 명의신탁 약정을 맺은 후 乙이 丙으로부터 X토지를 매수하면서(매수자금은 甲이 제공) 乙명의로 소유권이전등기를 마쳤다. 다음 중 틀린 것은? (다툼이 있으면 판례에 의함)

① 丙이 계약 당시에 명의신탁 약정의 존재를 알지 못한 경우에는 乙이 X토지의 소유권을 취득한다.

② 甲은 丙을 대위하여 乙명의 등기의 말소를 청구할 수 있다.

③ 甲은 乙에게 X토지 매입을 위하여 지급한 금원의 반환을 청구할 수 있다.

④ 만일 乙이 경매절차에서 X토지를 매수한 것이라면 丙이 명의신탁 약정의 존재를 알고 있었던 경우에도 乙은 소유권을 취득할 수 있다.

⑤ 乙로부터 토지를 매수한 제3자가 명의신탁 약정에 관해서 알고 있었다고 하더라도 부동산의 소유권을 취득할 수 있다.

핵심 정리

(1) **계약형 명의신탁 개념**
- 매수인과 이전등기 받은 자가 같은 형태

(2) **명의신탁 및 물권변동의 효력**
① 명의신탁 약정 무효
② 수탁자 명의 등기
- 상대방 선의면 유효
- 상대방 악의면 무효
- 경매에서는 항상 유효
③ 제3자는 선의 악의에 관계없이 소유권 취득 가능

(3) **신탁자의 권리**
- 수탁자가 스스로 신탁자에게 이전등기 해주면 유효
- 신탁자는 수탁자에게 지급했던 매매대금 반환청구 가능
- 반환받을 매매대금으로 유치권 불가능

Check Point

① 계약형 명의신탁의 경우 매도인이 (<u>선의</u> / 악의)인 경우 수탁자가 소유권을 취득한다.

② 신탁자의 자금으로 수탁자가 경락허가 결정을 받아 경매 목적물의 이전등기를 받은 경우, 경매 목적물의 소유자가 (<u>선의</u> / <u>악의</u>) 인 경우 수탁자가 소유권을 취득한다.

③ 계약형 명의신탁에서 매도인이 선의라면 신탁자는 수탁자에게 (말소등기를 / <u>매매대금의 반환을</u>) 청구할 수 있다.

정답 100. ②

합격까지 **박문각** 공인중개사

복습문제

본문의 문제를 하나로 모아
다시 한 번 복습할 수 있도록 하였습니다.

1. 다음 중 상대방 있는 단독행위에 해당하는 것을 모두 고른 것은?

⊙ 계약의 취소
ⓒ 합의해제
ⓒ 무권대리인의 행위에 대한 본인의 추인
ⓐ 공유 지분의 포기

① ⊙   ② ⊙, ⓒ
③ ⊙, ⓒ   ④ ⊙, ⓒ, ⓐ
⑤ ⓒ, ⓒ, ⓐ

2. 법률행위의 효력에 관한 설명으로 옳은 것은? (다툼이 있으면 판례에 의함)
① 계약 체결 당시부터 그 이행이 법률적으로 금지된 행위를 대상으로 한 계약도 그 이행을 청구할 수 있다.
② 계약 체결 이후에 쌍무계약의 당사자 일방의 채무가 이행할 수 없게 되었다면 그 계약은 효력이 발생될 수 없다.
③ 매매 계약이 유효하려면 매매 계약의 목적물이 계약 체결 당시에 확정되어 있어야 한다.
④ 농지취득 자격 증명은 농지 매매 계약의 효력발생 요건이다.
⑤ 강행법규에 위반하는 법률행위를 한 자가 스스로 그 법률행위의 무효를 주장하는 것은 신의칙에 반하는 것이라고 할 수 없다.

3. **법률행위에 관한 설명으로 틀린 것은?** (다툼이 있으면 판례에 의함)

① 법령에 정한 한도를 초과하여 체결된 부동산 중개수수료 약정은 그 한도를 초과하는 부분에 한하여 무효가 된다.

② 개업 공인중개사가 고객과 직접 중개 대상물에 대한 거래행위를 하는 것은 강행규정에 위반한 행위로써 효력이 발생될 수 없다.

③ 증권거래에 관한 증권회사와 고객의 투자수익보장 약정은 효력이 발생되지 않는다.

④ 농지에 대한 임대차 계약은 원칙적으로 효력이 발생되지 않는다.

⑤ 「부동산 등기 특별조치법」에서 미등기 전매행위를 금지하고 이를 위반한 자를 형사처벌하고 있지만 그 사법상 효력이 무효인 것은 아니다.

4. **반사회적 법률행위에 관한 설명으로 틀린 것은?** (다툼이 있으면 판례에 의함)

① 법률행위의 동기가 반사회적이고 그 동기가 표시된 경우에는 법률행위 전체가 무효가 될 수 있다.

② 법률행위의 성립과정에 강박이라는 불법적 방법이 사용된 데에 불과한 때에도 반사회질서행위로서 무효라고 할 수는 없다.

③ 반사회적 법률행위에 의한 무효를 가지고 선의의 제3자에게 대항하지 못한다.

④ 반사회적 행위에 해당하는 첩계약의 대가로 첩에게 양도한 부동산은 반환을 청구하지 못한다.

⑤ 반사회적 행위를 원인으로 무효인 소유권이전등기를 경료한 자가 물권적청구권을 행사하는 경우, 그 상대방은 그 행위가 무효임을 주장할 수 있다.

5. 반사회적 법률행위에 관한 설명으로 틀린 것은? (다툼이 있으면 판례에 의함)

① 부첩관계 종료를 해제조건으로 하는 증여계약은 반사회적 법률행위에 해당하여 효력이 없다.

② 비자금을 소극적으로 은닉하기 위하여 임치하는 계약은 반사회적 법률행위에 해당하지 않는다.

③ 증언의 대가를 지급하기로 하는 약정도 그 대가가 상당한 수준을 초과하는 경우에는 반사회적 법률행위로 무효가 될 수 있다.

④ 도박채무 변제를 위하여 도박채권자에게 부동산 처분에 관한 대리권을 수여하는 행위는 반사회적 법률행위에 해당하지 않는다.

⑤ 채권자의 강제집행을 피하기 위하여 부동산에 허위의 근저당권을 설정하는 행위는 반사회적 법률행위에 해당하여 효력이 없다.

6. 甲은 X건물을 乙에게 매도하는 계약을 체결하고 중도금까지 받았으나 같은 건물을 丙에게 다시 매도하고 丙명의로 소유권이전등기를 경료해 주었다. 다음 설명 중 틀린 것은?(다툼이 있으면 판례에 의함)

① 丙이 甲과 乙의 매매 계약이 체결되어 있었음을 알고 있었다는 사실만으로 甲과 丙의 매매 계약이 무효로 되는 것은 아니다.

② 乙은 최고 없이 甲과의 계약을 해제하고 손해배상을 청구할 수 있다.

③ 甲과 丙의 매매 계약이 무효가 되는 경우에도 乙은 丙에게 직접 소유권이전등기를 청구할 수 없다.

④ 甲과 丙의 매매 계약이 무효가 되는 경우, 乙은 甲을 대위하여 丙에게 말소등기를 청구할 수 있다.

⑤ 甲과 丙의 매매 계약이 반사회적 행위로 무효인 경우, 丙으로부터 X건물을 매수하여 등기를 경료한 丁이 선의인 경우에는 소유권을 취득할 수 있다.

7. **불공정한 법률행위에 관한 설명으로 옳은 것은?** (다툼이 있으면 판례에 의함)

① 불공정한 법률행위의 요건인 궁박에는 정신적 궁박은 포함되지 않는다.

② 불공정한 법률행위의 무효를 주장하는 자가 그 요건을 모두 입증하여야 한다.

③ 불공정한 법률행위로 무효가 되기 위해서 피해자에게 궁박 상태가 존재한다는 사실에 대한 폭리자의 인식이 있으면 충분하다.

④ 불공정한 법률행위에는 무효행위 전환에 관한 법리가 적용될 수 없다.

⑤ 대리행위가 불공정한 행위에 해당하는지를 판단함에 있어서 궁박은 대리인을 기준으로 판단한다.

8. **법률행위의 해석에 관한 설명으로 틀린 것은?** (다툼이 있으면 판례에 의함)

① 당사자의 의사가 일치된 경우에는 표시행위에 구애됨이 없이 당사자의 진정한 의사에 따라 법률행위를 해석할 수 있다.

② 임대차 계약을 체결함에 있어서 '모든 권리금을 인정함' 이라고 특약하였다면 임대인이 보증금 이외에 권리금도 반환하기로 한 것으로 해석된다.

③ 법률행위 해석에 있어서 당사자의 의사와 다른 임의규정이 있는 경우, 당사자의 의사에 따른다.

④ X토지를 매매하기로 합의하였으나 Y토지를 매매 계약서에 잘못 표시하고 이전등기를 경료 한 경우, X토지에 대한 매매 계약이 성립된다.

⑤ ④의 경우 매도인은 착오를 이유로 매매 계약을 취소할 수 없다.

9. 진의 아닌 의사표시에 관한 다음 설명 중 틀린 것은? (다툼이 있으면 판례에 의함)

① '진의'란 특정한 내용의 의사표시를 하고자 하는 표의자의 생각을 말하는 것이다.

② 진의 아닌 의사표시는 상대방이 진의 아님을 알거나 알 수 있었을 경우에 한하여 무효로 한다.

③ 대출절차상의 편의를 위하여 제3자가 채무자에게 명의를 빌려준 경우 특별한 사정이 없는 한 이러한 제3자의 의사표시는 비진의 표시라고 볼 수 없다.

④ 표의자가 강박에 의하여 어쩔 수 없이 증여의 의사표시를 하였다면 이는 비진의 표시에 해당하지 않는다.

⑤ 사직의 의사가 없는 공무원이 한 사직의 의사표시에 진의 아닌 의사표시에 관한 민법 제107조가 적용된다.

10. 甲은 채권자 A에 의한 강제집행을 피하기 위하여 자신의 유일한 재산인 X건물을 乙에게 허위로 매도하고 소유권이전등기를 경료 하였다. 그 후 乙은 丙에게 저당권을 설정해 주었다. 이에 관한 설명으로 틀린 것은? (다툼이 있으면 판례에 의함)

① 丙이 선의인 경우에도 甲은 乙에게 진정명의 회복을 원인으로 한 소유권이전등기를 청구할 수 있다.

② 甲과 乙을 포함하여 그 누구도 선의의 丙에 대하여 허위표시의 무효를 주장하지 못한다.

③ 丙의 저당권이 유효하기 위해서는 丙 스스로 자신의 선의를 입증하여야 한다.

④ 丙이 제3자로 보호받기 위해서는 선의이면 충분하고 무과실일 필요는 없다.

⑤ 선의의 丙이 신청한 경매에서 X건물을 매수한 경락인 丁이 가장매매에 관하여 악의이더라도 소유권을 취득할 수 있다.

11. 착오에 의한 의사표시에 관한 설명 중 틀린 것은? (다툼이 있으면 판례에 의함)

① 동기의 착오를 이유로 법률행위를 취소하기 위하여 동기를 의사표시의 내용으로 하는 합의가 있어야 한다.

② 계약 당시를 기준으로 하여 장래의 미필적 사실의 발생에 대한 기대나 예상이 빗나간 경우, 착오 취소는 인정되지 않는다.

③ 대지인 줄 알고 매수한 토지의 대부분이 하천인 경우, 이는 중요부분의 착오에 해당한다.

④ 매매 목적물의 시가에 관한 매수인의 착오는 중요부분의 착오라고 할 수 없다.

⑤ 공인중개사를 통하여 건물을 매수하는 자가 매매 목적물을 확인하지 않은 과실은 중대한 과실에 해당하지 않는다.

12. 착오에 의한 의사표시에 관한 설명 중 틀린 것은? (다툼이 있으면 판례에 의함)

① 착오에 의한 취소권을 행사하지 않기로 하는 계약 당사자 사이의 특약도 효력이 발생될 수 있다.

② 착오가 표의자의 중대한 과실에 의한 경우에도 상대방이 이를 알고 이용한 경우에는 착오를 이유로 한 취소권이 인정될 수 있다.

③ 착오 취소를 하려는 표의자에게 중대한 과실이 있다는 사실은 법률행위의 효력을 부인하는 자가 증명하여야 한다.

④ 매도인이 매수인의 대금 지급 지체를 이유로 매매 계약을 해제한 후에도 매수인은 착오를 이유로 한 취소권을 행사할 수 있다.

⑤ 매도인의 담보책임이 성립하는 경우에도 매수인은 매매 계약의 내용의 중요부분에 착오가 있음을 이유로 한 취소권을 행사할 수 있다.

13. 乙은 제3자 A의 강박에 의하여 甲로부터 부동산을 매수하는 계약을 체결하였다. 다음 설명 중 틀린 것은? (다툼이 있으면 판례에 의함)

① 원칙적으로 甲이 강박행위의 존재를 알았거나 알 수 있었을 경우에 한하여 乙에게 취소권이 인정된다.

② 만약 A가 甲의 대리인이라면 甲이 선의 무과실인 경우에도 乙에게 취소권이 인정될 수 있다.

③ 乙이 강박에 의하여 의사결정의 자유가 박탈 된 상태에서 계약을 체결하였다면 그 계약은 무효로 한다.

④ 乙이 A에게 손해배상을 청구하기 위해서는 먼저 甲과의 매매 계약을 취소하여야 한다.

⑤ 乙이 매수한 부동산에 하자가 있는 경우 乙은 취소권과 하자담보책임에 의한 해제권을 선택하여 행사할 수 있다.

14. 의사표시에 관한 설명으로 틀린 것은? (다툼이 있으면 판례에 의함)

① 의사표시의 상대방이 정당한 사유 없이 수령을 거절하였다면 그 의사표시는 도달 된 것으로 본다.

② 등기우편에 의하여 발송한 편지가 상당한 기간 동안 반송되지 않았다면 그 무렵 상대방에게 도달한 것으로 추정할 수 있다.

③ 표의자가 의사표시를 발송한 후 사망하더라도 그 의사표시의 효력에 영향을 미치지 않는다.

④ 의사표시를 수령한 자가 제한능력자인 경우, 표의자는 수령자의 법정대리인이 그 사실을 알기 전까지는 그 의사표시로 대항하지 못한다.

⑤ 무권대리의 상대방이 상당한 기간을 정하여 본인에게 추인 여부를 최고한 경우, 상대방이 그 기간 내에 확답을 받지 못하면 추인을 거절한 것으로 본다.

15. 대리권에 관한 설명으로 옳은 것은? (다툼이 있으면 판례에 의함)

① 대리인은 의사능력자일 필요가 없다.

② 부동산 입찰절차에서 동일한 물건에 관하여 한 사람이 동시에 다른 두 사람의 대리인으로서 한 입찰행위는 무효이다.

③ 대리인은 당사자 쌍방을 대리하여 등기신청행위를 할 수 없다.

④ 대리인이 여러 명인 경우에는 공동대리를 원칙으로 한다.

⑤ 본인이 파산선고를 받으면 대리인의 대리권은 소멸한다.

16. 임의대리인의 대리권에 관한 설명으로 틀린 것은? (다툼이 있으면 판례에 의함)

① 매도인의 대리인은 특별한 사정이 없는 한 매매 대금을 수령할 수 있는 권한이 있다.

② 매매 계약 체결에 관하여 포괄적으로 대리권을 수여받은 대리인은 매매 대금 지급기일을 연기해 줄 권한도 있다.

③ 본인이 대리인에게 계약 체결과 취소에 관한 대리권을 부여한 경우에도 대리인은 상대방의 기망을 이유로 한 취소권을 행사할 수 없다.

④ 매도인의 대리인이 대금을 수령하여 본인에게 전달하지 않은 경우에도 매매 계약이 해제되면 본인이 매매대금 반환의무를 부담한다.

⑤ 대리인은 특별한 사정이 없는 한 본인의 채권에 대한 소멸시효를 중단시킬 수 있다.

17. 甲의 임의대리인 乙이 丙에게 甲의 건물을 매도하는 계약을 체결하는 경우에 관한 설명으로 틀린 것은? (다툼이 있으면 판례에 의함)

① 乙이 대리인임을 표시함이 없이 甲의 이름으로 매매 계약을 체결하는 경우에도 유효한 대리행위가 될 수 있다.

② 乙의 대리행위에 하자가 있는지 여부는 원칙적으로 乙을 표준으로 결정한다.

③ 丙이 乙을 기망함으로 인하여 발생하는 취소권은 甲에게 귀속된다.

④ 乙이 자신의 이익을 위하여 대리권을 함부로 사용하는 경우에는 丙이 그 사실을 알았거나 알 수 있었을 경우에는 무효인 대리행위가 된다.

⑤ 乙이 미성년자인 경우에 甲은 乙에게 행위능력이 없음을 이유로 乙이 한 대리행위를 취소할 수 있다.

18. 복대리에 관한 설명으로 틀린 것은?

① 복대리인이 대리행위임을 표시하고 한 법률행위는 본인에게 직접 효과가 귀속된다.

② 법정대리인은 본인의 승낙이나 부득이한 사유가 있는 경우에 한하여 복대리인을 선임할 수 있다.

③ 대리인의 복대리인 선임행위는 대리행위에 해당하지 않는다.

④ 임의대리인이 본인의 승낙을 받아 복대리인을 선임하였다면 복대리인의 행위에 대하여 선임 감독상의 과실책임을 부담한다.

⑤ 대리인에 대한 파산선고가 있으면 복대리인의 대리권도 소멸한다.

19. 乙은 대리권 없이 甲의 토지를 丙에게 매도하는 계약을 체결하였다. 이에 관한 설명으로 옳은 것은? (다툼이 있으면 판례에 의함)

① 甲이 丙에게 무권대리를 추인하면 乙의 대리행위는 추인한 때로부터 甲에게 효력이 생긴다.

② 甲이 乙의 대리행위 일부에 대하여 한 추인이 유효가 되기 위해서는 丙의 동의가 있어야 한다.

③ 甲이 사망하여 乙이 甲을 단독으로 상속하였다면 본인의 지위에서 거절권을 행사할 수 있다.

④ 丙이 乙에게 대리권이 없음을 알고 있었던 경우에도 철회권을 행사할 수 있다.

⑤ 乙에게 대리권이 없음을 알고 있었던 丙이 한 최고는 효력이 발생될 수 없다.

20. 乙은 대리권 없이 甲의 토지를 丙에게 매도하는 계약을 체결하였다. 이에 관한 설명으로 틀린 것은? (다툼이 있으면 판례에 의함)

① 甲이 乙에게 추인을 한 후에도 그 사실을 알지 못하는 丙은 철회권을 행사할 수 있다.

② 丙이 철회권을 행사하지 못하게 하기 위해서는 甲이 丙의 악의를 입증하여야 한다.

③ 甲이 추인을 하지 않은 경우에 乙이 丙에게 계약의 이행 또는 손해배상 중 어느 책임을 부담할 것인지는 丙의 선택에 따른다.

④ 乙에게 대리권 없음을 丙이 알거나 알 수 있었던 경우, 乙의 丙에 대한 책임은 면제된다.

⑤ 甲이 추인을 하지 않는 경우, 乙의 丙에 대한 책임이 인정되기 위해서는 乙에게 고의나 과실이 있어야 한다.

21. 표현대리에 관한 설명으로 틀린 것은? (다툼이 있으면 판례에 의함)

① 유권대리에 관한 주장에는 표현대리에 관한 주장이 포함될 수 없다.

② 표현대리가 성립하는 경우, 본인의 책임은 과실상계에 의하여 경감될 수 없다.

③ 법정대리인의 대리행위에 대하여 대리권 수여 표시에 의한 표현대리가 성립될 수 없다.

④ 대리인이 본인을 위한 것임을 표시하지 않은 행위에 대해서는 표현대리가 인정될 수 없다.

⑤ 이미 소멸한 대리권을 기본대리권으로 하여 권한을 넘은 표현대리가 인정될 수 없다.

22. 법률행위의 무효에 관한 설명으로 틀린 것을 모두 고른 것은? (다툼이 있으면 판례에 의함)

> ㉠ 일부무효는 원칙적으로 전부 무효로 한다.
> ㉡ 무효인 법률행위는 당사자가 무효임을 알고 추인하면 소급하여 유효한 행위로 인정된다.
> ㉢ 강행규정에 위반한 법률행위도 당사자가 무효임을 알고 추인하면 새로운 법률행위로 본다.
> ㉣ 무권리자의 처분행위에 대하여 권리자 본인이 이를 추인하면 무권대리 추인과 마찬가지로 소급하여 추인의 효력이 발생된다.
> ㉤ 취소할 수 있는 법률행위를 취소한 후에도 무효행위 추인의 요건과 효과로서 추인할 수 있다.

① ㉠, ㉡   ② ㉡, ㉢
③ ㉠, ㉤   ④ ㉢, ㉣
⑤ ㉣, ㉤

23. 취소에 관한 설명으로 틀린 것은? (다툼이 있으면 판례에 의함)

① 법률행위를 취소하면 처음부터 무효인 법률행위로 된다.

② 제한능력자가 한 법률행위가 취소되면 제한능력자는 현존이익을 한도로만 반환의무를 부담한다.

③ 제한능력자의 법률행위에 대하여 취소 원인 종료 전에 법정대리인이 한 추인은 효력이 발생될 수 없다.

④ 취소권을 행사할 수 있는 기간의 경과 여부는 당사자가 주장하지 않아도 법원이 이를 직권으로 조사할 수 있다.

⑤ 취소권자가 취소할 수 있는 행위를 적법하게 추인한 후에는 다시 그 법률행위를 취소할 수 없다.

24. 甲이 乙을 기망하여 토지를 매도하였고, 乙은 그 후 기망행위가 있었음을 알게 되었다. 다음 설명 중 틀린 것은?

① 乙이 甲에게 매매대금을 지급한 경우에도 이의를 보류한 때에는 추인의 효과가 발생되지 않을 수 있다.

② 甲이 매매대금의 이행을 청구하였다면 甲과 乙의 매매 계약에 대한 추인이 있는 것으로 본다.

③ 甲이 乙에게 제공한 담보를 乙이 수령하였다면 乙의 취소권은 소멸한다.

④ 乙이 제3자 丙에게 토지를 대상으로 한 지상권을 설정해 준 경우, 법정추인으로 인정된다.

⑤ 甲과 乙의 합의에 의하여 乙이 X토지에 대한 대가를 금전 대신 Y건물로 이행하기로 한 경우, 법정추인으로 인정된다.

25. 甲은 법령상 토지거래허가구역 내의 자신의 토지에 대해 허가를 받지 않은 채 乙과 매매계약을 체결하고 계약금을 지급받았다. 다음 설명으로 틀린 것은? (다툼이 있으면 판례에 의함)

① 乙은 甲의 소유권이전의무 불이행을 이유로 손해배상을 청구할 수 없다.

② 乙은 甲의 협력의무 위반을 이유로 계약을 해제하고 손해배상을 청구할 수 있다.

③ 토지거래허가가 있은 후에도 甲은 계약금의 배액을 상환하고 계약을 해제할 수 있다.

④ 乙은 매매계약이 유동적 무효 상태에 있는 한 부당이득을 이유로 계약금의 반환을 청구할 수 없다.

⑤ 만일 甲과 乙의 계약이 토지거래허가 제도를 배제 잠탈할 목적으로 체결 된 것이라면, 그 후에 허가구역이 지정 해제 되더라도 유효한 계약이 될 수 없다.

26. 법률행위의 조건에 관한 설명으로 옳은 것은? (다툼이 있으면 판례에 의함)

① 법률행위에 부가한 조건이 선량한 풍속 기타 사회질서에 위반한 사항인 경우, 그 조건만을 무효로 한다.

② 해제조건이 법률행위의 당시에 이미 성취할 수 없는 것인 경우에는 그 법률행위는 무효로 한다.

③ 조건부 권리는 조건의 성취여부가 미정인 동안에도 일반규정에 의해 처분, 상속, 보존, 담보로 할 수 있다.

④ 정지조건이 성취되면 법률행위가 성립된 때로부터 그 법률행위의 효력이 발생된다.

⑤ 조건 성취로 인하여 불이익을 받을 당사자가 과실로 신의성실에 반하여 조건의 성취를 방해한 때에는 상대방은 그 조건이 성취한 것으로 주장할 수 없다.

27. 기한에 관한 설명으로 틀린 것은? (다툼이 있으면 판례에 의함)

① 불확정한 사실이 발생한 때를 이행기한으로 정한 경우, 그 사실의 발생이 불가능하게 된 때에도 기한이 도래한 것으로 보아야 한다.

② 기한 도래의 효과는 당사자의 특약이 있으면 소급효가 인정될 수 있다.

③ 기한은 채무자의 이익을 위한 것으로 추정된다.

④ 채무자는 언제든지 기한의 이익을 포기할 수 있다.

⑤ 기한이익 상실특약은 특별한 사정이 없는 한 형성권적 기한이익 상실특약으로 추정된다.

28. 물권적청구권에 관한 다음 설명으로 틀린 것은? (다툼이 있으면 판례에 의함)

① 소유권에 기한 물권적 청구권은 소유권과 분리하여 제3자에게 양도하지 못한다.

② 매매 계약이 해제 된 경우, 매도인이 매수인에게 행사하는 말소등기청구권은 소멸시효에 걸리지 않는다.

③ 甲이 乙에게 명의신탁한 부동산을 乙이 丙에게 처분하여 甲이 소유권을 상실하였는데, 우연히 乙이 그 부동산의 소유권을 회복한 경우, 甲은 乙명의 등기의 말소를 청구할 수 있다.

④ 미등기 무허가 건물의 매수인은 매도인의 물권적청구권을 대위행사할 수 있다.

⑤ 간접점유자도 물권적청구권의 상대방이 될 수 있으나 점유보조자는 물권적청구권의 상대방이 될 수 없다.

29. 甲소유 토지에 乙이 건물을 무단 건축한 경우에 관한 설명으로 틀린 것은? (다툼이 있으면 판례에 의함)

① 甲은 乙에게 건물의 철거를 청구할 수 있다.

② 甲은 乙에게 건물에서의 퇴거를 청구할 수 없다.

③ 甲은 乙에게 토지 사용에 대한 부당이득의 반환을 청구할 수 있다.

④ 甲은 乙로부터 건물을 매수하였으나 소유권이전등기를 경료 받지 않은 채 건물을 점유 사용하고 있는 丙에게 건물의 철거를 청구할 수 있다.

⑤ 甲은 건물을 철거하기 위하여 필요한 경우에도 乙로부터 건물을 임차하여 대항력을 취득한 丁에게 건물에서의 퇴출을 청구할 수 없다.

30. 부동산 물권변동에 관한 설명 중 틀린 것은? (다툼이 있는 경우 판례에 의함)

① 건물을 신축한 자는 등기를 경료하지 않아도 완성된 건물의 소유권을 취득한다.

② 건물 전세권이 법정갱신 된 경우 전세권자는 등기 없이도 전세권의 목적물을 양수한 제3자에게 갱신된 권리를 주장할 수 있다.

③ 미등기 부동산의 점유자는 점유취득시효 기간의 완성만으로 등기 없이 소유권을 취득한다.

④ 공유자 중 1인이 포기한 지분이 다른 공유자에게 지분의 비율로 귀속되기 위해서는 등기를 필요로 한다.

⑤ 소유권이전등기청구 소송에서 승소판결이 확정된 경우에도 등기하여야 소유권을 취득한다.

31. 등기에 관한 설명으로 틀린 것은? (다툼이 있으면 판례에 의함)

① 등기가 불법으로 말소되더라도 물권이 소멸되는 것은 아니다.

② 미등기 건물의 원시취득자와 그 승계취득자의 합의에 의해 직접 승계취득자 명의로 경료 한 소유권보존등기는 효력이 없다.

③ 멸실된 건물의 소유권보존등기를 새로 신축한 건물의 보존등기로 유용하는 것은 허용되지 않는다.

④ 건물의 완성 전에 경료 한 보존등기도 나중에 건물이 완성된 이상 효력이 발생될 수 있다.

⑤ 전세권의 존속기간이 시작되기 전에 경료 된 전세권설정등기도 효력이 발생될 수 있다.

32. 乙이 甲소유의 부동산을 매수한 후 다시 丙에게 매도하고 인도하였는데, 등기는 아직 甲명의로 남아 있다. 다음 설명으로 옳은 것은? (다툼이 있으면 판례에 의함)

① 甲·乙·丙 전원이 중간생략등기에 관하여 합의하더라도 丙은 직접 甲에게 소유권이전등기를 청구할 수 없다.

② 甲·乙·丙 사이의 중간생략등기의 합의 없이 丙명의로 등기가 경료되면, 그 등기는 효력이 없다.

③ 만일 X토지가 토지거래허가구역 내의 토지라면 甲과 丙을 당사자로 허가를 받아 丙명의로 등기가 경료되더라도 丙은 소유권을 취득하지 못한다.

④ 甲·乙·丙 사이의 중간생략등기가 합의가 있었다면 甲은 乙이 매매대금을 지급하지 않았음을 이유로 丙의 소유권이전등기청구를 거절할 수 없다.

⑤ 乙이 甲에 대한 소유권이전등기청구권을 丙에게 양도하고 이를 甲에게 통지하였다면, 丙은 甲의 동의가 없어도 甲에게 직접 소유권이전등기를 청구할 수 있다.

33. 甲으로부터 X토지를 매수한 乙은 등기하지 않은 상태로 같은 토지를 丙에게 매도하기로 약정하였다. 다음 중 틀린 것은? (다툼이 있으면 판례에 의함)

① 丙은 乙을 대위하여 甲에게 소유권이전등기를 청구할 수 있다.

② 당사자 사이에 중간생략등기에 관한 전원합의가 있는 경우에도 乙의 甲에 대한 등기청구권이 소멸하는 것은 아니다.

③ 丙은 甲에게 진정명의 회복을 원인으로 하여 소유권이전등기를 청구할 수 있다.

④ 甲은 등기하지 않고 X토지를 매수하여 점유하고 있는 丙에게 토지의 반환을 청구할 수 없다.

⑤ 丙이 乙로부터 X토지를 매수하여 점유를 계속하는 동안에는 乙의 甲에 대한 등기청구권은 소멸시효가 진행되지 않는다.

34. 등기청구권에 관한 설명으로 틀린 것은? (다툼이 있으면 판례에 의함)

① 양도담보설정자가 채무변제를 완료한 후에 채권자에게 행사하는 담보 목적의 소유권이전등기 말소등기청구권은 소멸시효에 걸리지 않는다.

② 가등기에 기한 본등기청구권은 소멸시효에 의하여 소멸할 수 있다.

③ 점유취득시효를 원인으로 한 소유권이전등기청구권은 시효완성자가 점유를 상실하면 그 즉시 소멸한다.

④ 점유취득시효 완성에 의한 소유권이전등기청구권을 양도하기 위하여 등기의무자인 소유자의 동의를 얻을 필요가 없다.

⑤ 근저당권 설정 후 부동산 소유권이 이전된 경우 목적물의 소유권을 상실한 근저당권 설정자도 근저당권설정등기의 말소를 청구할 수 있다.

35. 甲소유의 X토지에 乙명의로 가등기가 경료 된 후 甲에서 丙 명의의 매매를 원인으로 한 소유권이전등기가 경료 되었다. 이 경우에 대한 설명 중 틀린 것은? (다툼이 있는 경우 판례에 의함)

① 乙의 가등기에는 소유권이전등기를 청구할 수 있는 적법한 권원이 있을 것이라는 추정력이 인정된다.

② 乙이 본등기를 하려면 甲에게 청구하여야 한다.

③ 乙이 본등기를 경료하면 乙은 본등기 시점에 소유권을 취득하는 것으로 된다.

④ 乙이 가등기에 기하여 본등기를 경료하지 않고 다른 원인에 의하여 소유권이전등기를 경료받았다면 가등기에 기한 본등기청구권은 혼동으로 소멸하지 않는다.

⑤ 만일 乙의 가등기가 채권담보 목적으로 경료 된 것이고 X토지가 경매되면 가등기는 경매로 소멸한다.

36. 등기의 추정력에 관한 설명으로 틀린 것은? (다툼이 있으면 판례에 의함)

① 소유권이전등기가 원인 없이 말소 된 것으로 밝혀진 경우, 말소된 등기의 최종명의인은 그 회복등기가 경료되기 전이라도 적법한 권리자로 추정된다.

② 등기명의자가 등기부에 기재된 것과 다른 원인으로 등기 명의를 취득하였다고 주장하고 있지만 그 주장 사실이 인정되지 않는다 하여도 그 자체로 추정력이 깨어진다고 할 수 없다.

③ 소유권이전등기의 추정력은 제3자에 대해서는 주장할 수 있지만 이전등기의 무효를 주장하고 있는 전 소유자에 대하여는 주장하지 못한다.

④ 점유취득시효 완성에 의한 소유권이전등기가 마쳐진 경우 적법한 등기원인에 따라 소유권을 취득한 것으로 추정된다.

⑤ 사망자를 등기 의무자로 하여 소유권 이전등기를 경료 받은 자는 스스로 그 등기의 유효를 입증하여야 한다.

37. 혼동에 의한 물권의 소멸에 관한 설명으로 틀린 것은? (다툼이 있으면 판례에 의함)

① 전세권자가 전세권의 목적인 건물의 소유권을 취득하면 전세권은 말소등기를 하지 않아도 소멸한다.

② 지상권이 저당권의 목적인 경우 지상권자가 그 토지의 소유권을 취득하여도 지상권은 소멸하지 않는다.

③ 甲이 1번 저당권을 취득한 후 乙이 2번 저당권을 취득한 부동산을 甲이 소유권을 취득하면 甲의 저당권은 혼동으로 소멸하지 않는다.

④ 주택 임차인이 대항력을 취득한 뒤에 저당권이 설정되고 이어서 임차인이 같은 주택의 소유권을 취득하면 임차권은 소멸한다.

⑤ 근저당권자가 소유권을 취득하면 그 근저당권은 혼동에 의하여 소멸하지만, 그 후 그 소유권 취득이 무효인 것으로 밝혀지면 소멸하였던 근저당권은 부활한다.

38. 점유에 관한 설명으로 틀린 것은? (다툼이 있으면 판례에 의함)

① 소유권보존등기 명의자는 등기가 경료 될 무렵 타인으로부터 점유를 이전 받은 것으로 인정될 수 없다.

② 건물소유자는 현실적으로 건물이나 그 부지를 점거하지 않더라도 건물의 부지에 대한 점유자로 인정된다.

③ 타인의 지시를 받아 물건의 사실상 지배하는 자는 점유방해자에 대하여 점유보호청구권을 행사할 수 없다.

④ 점유자는 소유의 의사로, 선의이며 과실없이 점유한 것으로 추정된다.

⑤ 점유자가 전 점유자의 점유를 아울러 주장하는 경우에는 하자도 승계하여야 한다.

39. 점유에 관한 다음 설명 중 **틀린** 것은? (다툼이 있으면 판례에 의함)

① 점유자가 매매와 같은 자주점유의 권원을 주장하였으나 이것이 인정되지 않는다는 사실 만으로는 자주점유의 추정이 번복되지 않는다.

② 공유자 1인이 공유토지 전부를 점유하는 경우 다른 공유자의 지분 비율 범위 내에서는 타주점유에 해당한다.

③ 계약명의신탁에서 신탁자가 목적물을 점유하는 경우 이는 성질상 자주점유에 해당한다.

④ 타주점유자를 상속한 자는 특별한 사정이 없는 한 자신만의 점유를 분리하여 자주점유를 주장할 수 없다.

⑤ 타인의 토지를 점유할 권원이 없음을 알면서 무단 점유한 것이 입증된 경우 자주점유 추정은 깨어진다.

40. 점유자와 회복자의 관계에 관한 다음 설명 중 **옳은** 것은? (다툼이 있으면 판례에 의함)

① 선의의 점유자가 과실을 취득함으로 인하여 회복자에게 손해를 가하더라도 이를 회복자에게 반환할 필요가 없다.

② 선의 점유자가 본권의 소에서 패소하더라도 소 제기 이후 판결 확정 이전의 과실은 취득할 수 있다.

③ 점유물이 점유자의 책임 있는 사유로 멸실 훼손 된 때에는 점유자가 선의라면 소유의 의사가 없는 경우에도 현존이익 만을 반환하면 된다.

④ 필요비는 가액의 증가가 현존하는 경우에 한하여 청구할 수 있다.

⑤ 점유자가 목적물에 지출한 필요비는 지출 즉시 회복자에게 상환을 청구할 수 있다.

41. 甲이 乙에게 건물을 매도하고 소유권이전등기 및 점유를 이전하였다가 매매 계약이 취소되었다. 다음 중 틀린 것은? (다툼이 있으면 판례에 의함)

① 乙이 선의이고 건물을 사용하면서 이익을 누렸다면, 乙은 甲에게 통상의 필요비를 청구할 수 없다.

② 乙이 악의 점유자이고 목적물에서 과실을 취득하지 않았다면 乙은 甲에게 통상의 필요비를 청구할 수 없다.

③ 甲이 乙에게 소유권이전등기의 말소만을 청구하고 있을 뿐 점유의 반환을 청구하고 있지 않다면 乙은 유익비상환청구권을 행사할 수 없다.

④ 乙은 甲의 선택에 따라 건물에 지출한 유익비 또는 건물의 증가액 중 하나를 甲에게 청구할 수 있다.

⑤ 유익비 상환에 관하여 기간을 허여하는 판결이 있으면 乙은 유익비상환청구권을 피담보채권으로 유치권을 주장할 수 없다.

42. 점유보호청구권에 관한 설명으로 틀린 것은? (다툼이 있으면 판례에 의함)

① 직접점유자가 간접점유자의 의사에 반하여 제3자에게 점유를 이전한 경우 간접점유자는 제3자에게 점유물반환청구권을 행사할 수 있다.

② 점유침탈자로부터 그 물건을 선의로 매수하여 점유하고 있는 자를 상대로 점유물반환청구권을 행사할 수 없다.

③ 점유물반환청구권은 소송상의 방법으로만 행사할 수 있다.

④ 점유의 방해가 있는 경우 손해배상청구권은 방해가 종료한 날로부터 1년 이내에 행사하여야 한다.

⑤ 점유물방해예방청구권은 방해의 염려가 있는 동안은 언제든지 행사할 수 있다.

43. 주위토지통행권에 관한 설명으로 틀린 것은? (다툼이 있으면 판례에 의함)

① 공로에 접하는 기존의 통로가 있더라도 그 통로가 충분한 기능을 하지 못하는 경우에는 새로운 통행권을 인정할 수 있다.

② 통행지 소유자가 주위토지통행권의 행사에 방해가 되는 담장을 축조하였다면 그 철거 의무를 부담한다.

③ 주위토지통행권의 범위는 토지의 장래 이용 상황까지 미리 대비하여 결정할 필요는 없다.

④ 통행지 소유자는 통행권자의 허락을 얻어 사실상 통행하는 자에게 손해보상을 청구할 수 없다.

⑤ 공유물분할로 인하여 무상의 주위토지통행권이 발생되면 포위된 토지의 특별승계인에게도 무상의 주위토지통행권이 인정된다.

44. 소유권에 관한 설명으로 틀린 것은? (다툼이 있으면 판례에 의함)

① 소유권의 사용 수익 권능만을 대세적 영구적으로 포기하는 것은 허용되지 않는다.

② 유실물은 관련 법률에 따라 1년간 공고한 후 소유자가 나타나지 않으면 습득자의 소유가 된다.

③ 건물은 무단건축의 경우에도 토지에 부합되지 않는다.

④ 증축된 부분이 구조적으로 독립성이 없어 기존 건물에 부합되었으나 기존 건물의 경매절차에서 경매 목적물로 표시되지 않은 경우에도 경락인이 증축부분의 소유권을 취득할 수 있다.

⑤ 토지 소유자의 승낙을 받음이 없이 임차인의 허락을 받아 식재한 수목은 토지 소유자의 소유로 된다.

45. 乙은 甲소유의 토지를 소유의 의사로 평온, 공연하게 점유하고 있다. 다음 설명으로 틀린 것은? (다툼이 있으면 판례에 의함)

① 점유취득시효 기간 진행 중에 甲이 丙에게 토지의 소유권을 이전한 것만으로는 취득시효를 중단시킬 사유가 될 수 없다.

② 乙이 점유취득시효를 완성한 후에 甲이 파산선고를 받은 경우, 乙은 파산관재인에게 소유권이전등기를 청구할 수 없다.

③ 乙의 점유가 20년간 계속된 후에 甲으로부터 토지를 명의신탁 받은 자를 상대로 직접 소유권이전등기를 청구할 수 없다.

④ ③의 경우 어떠한 사유로 甲이 등기 명의를 회복하더라도 乙은 甲에게 소유권이전등기를 청구할 수 없다.

⑤ 乙이 취득시효를 완성한 후에 乙로부터 점유를 승계한 자는 乙의 甲에 대한 등기청구권을 대위 행사할 수 있다.

46. 乙은 甲소유의 토지를 20년간 소유의 의사로 평온·공연하게 점유하였음을 이유로 甲에게 소유권이전등기를 청구할 수 있게 되었으나 아직 등기를 경료하지는 않았다. 다음 설명으로 틀린 것은? (다툼이 있으면 판례에 의함)

① 乙이 취득시효를 원인으로 등기를 경료하면 점유 개시 시점에 소급하여 소유권을 취득한다.

② 甲은 乙에게 그 동안의 토지 사용에 대한 부당이득의 반환을 청구할 수 없다.

③ 乙이 甲에게 취득시효 완성을 원인으로 한 소유권이전등기를 청구하는 소송을 제기하자 甲이 丙에게 토지를 처분하였다면 이는 채무불이행에 의한 손해배상책임이 인정된다.

④ 甲이 시효완성 사실을 알면서도 부동산을 처분한다는 행위에 丙이 적극적으로 가담하였다면 丙은 소유권을 취득할 수 없다.

⑤ 甲이 丙에게 그 토지를 처분한 날을 기산점으로 하여 乙이 다시 20년 넘게 점유를 계속하였다면 乙은 丙에게 취득시효의 완성을 주장할 수 있다.

47. 甲과 乙이 각 1/2 지분으로 공유하는 X토지에 대한 설명으로 틀린 것은? (다툼이 있으면 판례에 의함)

① 甲은 乙의 동의 없이 자신의 지분에 저당권을 설정할 수 있다.

② 甲은 X토지에 제3자 명의로 경료 된 원인 무효의 소유권이전등기 전부를 말소할 수 있다.

③ 甲은 乙의 동의 없이는 X토지의 일부를 배타적으로 사용할 수 없다.

④ 甲이 乙의 동의 없이 X토지를 배타적으로 점유하는 경우, 乙은 甲에게 X토지를 자신에게 인도해 줄 것을 청구할 수 있다.

⑤ 甲의 지분에 관하여 제3자 명의로 원인무효의 등기가 경료된 경우 乙이 말소등기를 청구할 수 없다.

48. 甲(지분 4/6) 乙(지분 1/6) 丙(지분 1/6) 세 사람이 공유하고 있는 X토지에 관한 설명으로 옳은 것은? (다툼이 있으면 판례에 의함)

① 甲은 乙과 丙의 동의 없이 X토지에 건물을 신축할 수 있다.

② 甲은 X토지를 훼손하는 제3자에게 손해 전부의 배상을 청구할 수 있다.

③ 甲이 乙과 丙의 동의 없이 X토지를 A에게 매도하기로 한 계약은 효력이 없다.

④ 甲이 乙과 丙의 동의 없이 X토지를 B에게 임대한 경우, B는 乙에게 지분의 비율로 부당이득반환의무를 부담한다.

⑤ 乙이 X토지를 보존하기 위하여 한 행위가 丙의 이해관계와 충돌되는 경우에는 이를 보존행위라고 할 수 없다.

49. 공유물 분할에 관한 설명으로 틀린 것은? (다툼이 있으면 판례에 의함)

① 공유자 사이에 현물분할의 협의가 성립되었으나 분할절차를 이행하지 않는 자가 있으면 분할을 청구하는 소송을 제기하는 것이 가능하다.

② 재판에 의한 분할의 경우 현물분할을 원칙으로 한다.

③ 공유자 전원의 참여가 없이 한 공유물 분할은 효력이 없다.

④ 재판상 분할의 경우, 분할을 원하지 않는 자를 공유로 남기는 형태의 공유물 분할 판결도 가능하다.

⑤ 공유 토지를 현물로 분할한 경우 각 공유자는 분할된 토지에 대하여 지분의 비율로 담보책임을 부담한다.

50. 지상권에 관한 설명으로 틀린 것은? (다툼이 있으면 판례에 의함)

① 견고한 건물이나 수목의 소유를 목적으로 하는 지상권은 30년보다 짧은 기간 으로 설정할 수 없다.

② 지상권의 처분을 금지하는 당사자 사이의 특약은 효력이 없다.

③ 지상권자는 토지소유자의 의사에 반하여 지상권을 제3자에게 양도하지 못한다.

④ 지료에 관하여 별도의 약정이 있더라도 이를 등기하지 않으면 지상권을 양수 한 자에게 지료의 지급을 청구하지 못한다.

⑤ 지상권자의 지료연체가 토지소유권의 양도 전후에 걸쳐서 2년분에 이른 경 우, 토지 양수인에 대한 연체 기간이 2년에 이르지 않았다면 지상권의 소멸을 청구할 수 없다.

51. 지상권 및 분묘기지권에 관한 설명으로 틀린 것은? (다툼이 있으면 판례에 의함)

① 채권담보 목적으로 나대지를 대상으로 저당권과 함께 지상권이 설정 된 경우
에도 지상권설정자인 토지 소유자는 토지를 사용할 수 있다.

② 토지저당권자가 그 목적 토지의 담보가치의 감소를 막기 위해 지상권을 함께
취득한 경우, 피담보채무가 소멸하면 지상권도 소멸한다.

③ 구분지상권은 수목의 소유를 목적으로 하여서는 설정할 수 없다.

④ 분묘기지권의 시효취득이 인정되기 위해서는 장사 등에 관한 법률 시행 전에
분묘가 설치된 경우라야 한다.

⑤ 분묘기지권을 시효취득 한 자는 토지 소유자가 분묘기지권이 성립한 날로부
터 지료지급의 의무가 있다.

52. 법정지상권에 관한 설명으로 틀린 것은? (다툼이 있으면 판례에 의함)

① 민법 제366조에 의한 법정지상권의 발생을 배제하기로 하는 저당권자와 토지
소유자 사이의 특약은 효력이 없다.

② 건물의 요건을 갖추지 못한 가설 건축물의 소유를 위한 법정지상권도 인정된다.

③ 법정지상권의 지료에 관하여 협의가 되지 않으면 당사자의 청구로 법원이 이
를 정한다.

④ 법정지상권을 취득한 건물의 소유자는 이를 등기하지 않은 경우에도 토지소
유자나 양수인에게 지상권을 주장할 수 있다.

⑤ 법정지상권이 성립된 토지의 소유자는 건물의 철거를 청구할 수 없지만, 지료
상당의 부당이득 반환을 청구할 수 있다.

53. 법정지상권 및 관습법상 법정지상권에 관한 다음 설명 중 틀린 것은? (다툼이 있는 경우 판례에 의함)

① 지상 건물이 없는 토지에 관하여 저당권을 설정할 당시 저당권자가 그 토지에 건물을 축조하는 것에 동의하였다면 법정지상권이 성립할 수 있다.

② 동일인 소유의 토지와 건물에 공동저당권이 설정되었다가 건물이 철거 후 신축된 경우, 토지의 경매로 토지와 건물의 소유자가 다르게 되더라도 법정지상권은 인정되지 않는다.

③ 관습법상 법정지상권이 인정되기 위하여 토지와 건물이 원시적으로 동일인 소유일 필요는 없다.

④ 동일인 소유의 토지와 건물 중 건물만을 매도하면서 토지에 관하여 임대차계약을 체결하였다면 관습법상 법정지상권은 포기한 것으로 본다.

⑤ 토지와 건물의 소유자가 토지만을 타인에게 증여하면서 구 건물을 철거하되 그 지상에 자신의 이름으로 건물을 다시 신축하기로 합의한 경우, 관습법상 법정지상권의 발생을 배제하는 효력이 인정되지 않는다.

54. 지역권에 관한 설명으로 틀린 것을 모두 고른 것은? (다툼이 있으면 판례에 의함)

> ㉠ 지역권은 요역지와 분리하여 제3자에게 양도할 수 있다.
> ㉡ 요역지의 공유자 중 1인이 지역권을 취득하면 다른 공유자도 지역권을 취득한다.
> ㉢ 요역지가 수인의 공유인 경우 공유자 1인에 의한 지역권 소멸시효의 중단은 다른 공유자에게는 효력이 없다.
> ㉣ 지료의 지급이 없는 무상의 지역권을 설정할 수 있다.
> ㉤ 통행지역권을 시효취득 한 자는 승역지 소유자의 손해를 보상할 책임이 있다.

① ㉠, ㉢   ② ㉡, ㉢
③ ㉢, ㉤   ④ ㉠, ㉣
⑤ ㉣, ㉤

55. 전세권에 관한 설명으로 옳은 것은? (다툼이 있으면 판례에 의함)

① 전세금은 전세권의 필수 요소이므로 기존의 채권으로 전세금의 지급을 갈음할 수 없다.

② 전세권의 존속기간 중에 전세금반환채권을 전세권과 분리하여 제3자에게 확정적으로 양도할 수 있다.

③ 전세권자의 사용 수익 권능을 배제하고 채권의 담보만을 목적으로 설정된 전세권도 효력이 있다.

④ 임대차 보증금 채권을 담보할 목적으로 체결된 전세권설정계약은 임대차 계약과 양립할 수 없는 범위 내에서 효력이 없다.

⑤ 전세권자는 전세권설정자에게 필요비 및 유익비의 상환을 청구할 수 있다.

56. 乙이 甲소유의 대지 일부에 전세권을 취득하는 경우에 관한 설명으로 틀린 것은? (다툼이 있는 경우 판례에 의함)

① 甲과 乙의 설정계약으로 전세권의 처분을 금지할 수 있다.

② 乙로부터 전세권을 양도 받은 자는 乙과 동일한 권리 의무가 있다.

③ 甲으로부터 전세권 설정 이후에 토지를 양도받아 취득한 자는 전세권의 존속기간이 만료된 경우 乙에게 전세금반환의무를 부담한다.

④ 乙로부터 전세권을 목적으로 한 저당권을 설정 받은 자라고 할지라도 전세권의 존속기간이 만료되면 전세권 자체에 저당권을 실행하지 못한다.

⑤ 존속기간이 만료 된 경우, 전세금을 돌려받지 못한 乙은 토지 전부에 대한 경매를 신청할 수 있다.

57. 유치권에 관한 설명으로 틀린 것은? (다툼이 있으면 판례에 의함)

① 저당목적물의 소유권을 취득한 제3자는 저당목적물에 대한 비용상환청구권을 피담보채권으로 유치권을 행사할 수 없다.

② 임차인은 보증금이나 권리금의 회수를 위하여 임차 건물에 유치권을 주장할 수 없다.

③ 채무자가 직접점유하는 물건을 간접점유하는 채권자도 유치권을 행사할 수 있다.

④ 임대차 종료시에 임차 목적물을 원상복구 하기로 특약한 경우, 임차인은 목적물에 대한 유익비상환청구권을 피담보채권으로 하여 유치권을 행사할 수 없다.

⑤ 유치권자가 선량한 관리자의 주의 의무에 위반하여 유치물을 관리하면 유치물의 소유권을 취득한 제3자도 유치권의 소멸을 청구할 수 있다.

58. 甲소유의 주택에 대하여 乙이 수선 공사를 완료하여 공사대금 채권을 취득하였다. 다음 설명 중 틀린 것은? (다툼이 있으면 판례에 의함)

① 乙이 유치권을 행사하기 위하여 위 연립주택에 거주하며 사용하는 경우 불법행위에 해당하지는 않지만 부당이득반환의무를 부담한다.

② 乙이 유치권을 행사하는 동안에도 공사대금채권의 소멸시효는 진행된다.

③ 乙이 유치물을 경매하는 경우에도 경락인에게 피담보채무의 변제를 청구할 수는 없다.

④ 乙이 甲소유 주택에 대한 경매가 개시되기 전에 점유를 취득하였으나 경매개시 이후에 채권을 취득하였다면 유치권으로 경락인에게 대항할 수 없다.

⑤ 만약 乙이 甲과 유치권 포기특약을 하였더라도 포기특약의 당사자가 아닌 경락인은 유치권 포기 특약의 존재를 주장할 수 없다.

59. 저당권에 관한 설명으로 틀린 것은? (다툼이 있으면 판례에 의함)

① 피담보채권에 대한 지연배상에 대해서는 원본의 이행 기일을 경과한 후의 1년분에 한하여 저당권의 효력이 미친다.

② 저당권의 효력은 저당 목적물에 대한 압류 전에 발생한 차임채권에 효력이 미친다.

③ 저당권의 효력은 저당권이 설정된 후에 저당 목적물에 부합된 물건에도 미친다.

④ 저당권설정자로부터 용익권을 설정 받은 자가 건축한 건물이라도 저당권설정자가 나중에 그 건물의 소유권을 취득하였다면 일괄경매청구가 허용된다.

⑤ 일괄경매청구권이 인정되는 경우에도 토지 저당권자가 건물의 매각대금에서 우선변제를 받을 수는 없다.

60. 甲소유의 X토지에 A가 저당권을 취득하고 그 후 B가 저당권을 취득한 경우에 관한 설명으로 옳은 것은? (다툼이 있으면 판례에 의함)

① A의 저당권보다 먼저 설정되어 있던 전세권은 전세권자가 경매절차에서 배당요구를 하더라도 경매로 소멸하지 않는다.

② A의 저당권과 B의 저당권 사이에 설정 된 지상권은 B가 신청한 경매로 소멸하지 않는다.

③ A의 저당권이 변제 등으로 무효가 되더라도 그 후 새로 발생한 채권을 위하여 유용할 수 있다.

④ A의 저당권이 성립한 후에 전세권을 취득한 자는 경매 절차에서 저당목적물에 지출한 비용을 A보다 우선하여 배당받을 수 있다.

⑤ B는 채무자가 반대하는 경우에도 A에게 피담보채무를 변제하고 A의 저당권에 대한 말소를 청구할 수 있다.

61. 저당권에 관한 설명으로 틀린 것은? (다툼이 있으면 판례에 의함)

① 저당권자가 경매를 신청한 이후에 저당권이 무효가 되었으나 경매절차가 취소됨이 없이 완료된 경우, 경락인은 소유권을 취득할 수 있다.

② 저당권은 피담보채권과 분리하여 양도하지 못한다.

③ 저당권에는 물권적청구권 중 반환청구권이 인정되지 않는다.

④ 저당권자의 담보물보충청구권은 손해배상청구권과 동시에 행사하지 못한다.

⑤ 공동저당권의 목적인 채무자 소유 부동산과 물상보증인 소유의 부동산을 동시에 경매하여 배당할 경우에는 공동저당권자는 각 부동산의 경매대가에 비례하여 배당 받는다.

62. 근저당권에 관한 설명으로 옳은 것은? (다툼이 있으면 판례에 의함)

① 근저당권의 피담보채권이 확정되기 전에 채무가 일시적으로 '0'원이 되더라도 근저당권은 소멸하지 않는다.

② 근저당권에 있어서 이자와 실행비용은 채권최고액에 산입한다.

③ 피담보채권이 확정된 이후에 새로 발생한 원본채권도 채권최고액 범위내에서 우선변제 된다.

④ 근저당권 설정 이후에 저당권을 취득한 자가 경매를 신청하면 선순위인 근저당권의 피담보채권액은 경매 신청시에 확정된다.

⑤ 근저당권의 확정된 채권액이 채권최고액을 초과하는 경우, 채무자는 채권최고액을 변제하고 근저당권의 말소를 청구할 수 있다.

63. 계약에 관한 설명으로 틀린 것은?

① 민법상 쌍무계약은 모두 유상계약이다.

② 매매, 교환, 임대차 계약은 모두 쌍무, 유상, 낙성, 불요식 계약이다.

③ 계약금 계약은 요물계약이다.

④ 당사자 사이에 계약 체결에 대한 신뢰가 형성된 상태에서 부당하게 중도파기 하는 경우 계약체결상의 과실책임이 인정된다.

⑤ 부동산 매매에 있어서 실제 면적이 계약면적에 미달하는 경우 계약체결상의 과실책임을 물을 수 없다.

64. 계약의 성립에 관한 설명으로 틀린 것은?

① 청약은 청약자가 승낙기간 내에 승낙의 통지를 받지 못하면 그 효력을 잃는다.

② 청약은 불특정 다수인을 상대로도 할 수 있다.

③ 청약은 상대방에게 도달한 이후에는 이를 철회하지 못한다.

④ 동일한 내용의 청약이 상호 교차한 경우 나중에 발송한 청약이 발송한 때에 계약이 성립된다.

⑤ "일정한 기간 내에 승낙이 없으면 계약이 성립한 것으로 본다."는 청약자의 의사표시는 효력이 없다.

65. 甲이 乙에게 승낙의 기간을 10월 30일까지로 하는 청약을 발송하여 乙에게 도달하였다. 다음 설명 중 옳은 것은?

① 乙이 승낙의 의사표시를 10월 25일에 발송하여 10월 29일에 甲에게 도착하였다면 계약은 10월 29일에 성립하게 된다.

② 乙이 甲의 청약에 대하여 조건을 붙여서 한 승낙이 10월 27일에 발송되어 甲에게 10월 29일에 甲에게 도착하면 10월 27일에 계약이 성립된다.

③ 甲의 청약을 우연히 알게 된 丙이 甲에게 10월 5일에 승낙을 발송하여 10월 10일에 도달한 경우 10월 5일에 계약이 성립된다.

④ 乙의 승낙의 의사표시가 11월 2일에 甲에게 도착하였다면 甲이 乙의 승낙에 동의하여도 계약이 성립될 수 없다.

⑤ 乙이 승낙의 의사표시를 10월 10일에 발송하였으나 우체국 사정으로 11월 5일에 甲에게 도달한 경우, 甲이 지연의 통지나 연착의 통지를 하지 않았다면 10월 10일에 계약이 성립된 것으로 된다.

66. 동시이행에 관한 설명 중 틀린 것은? (다툼이 있는 경우 판례에 의함)

① 선이행 의무를 부담하는 당사자 일방은 상대방의 이행이 곤란할 현저한 사유가 있는 경우에는 자기의 채무 이행을 거절 할 수 있다.

② 동시이행 항변의 관계에 있는 채무를 이행하지 않고 있는 당사자가 지체로 인한 책임을 면하려면 동시이행의 항변권을 원용하여야 한다.

③ 쌍무계약상 당사자 일방의 채무가 손해배상 채무로 변경되는 경우에도 반대채무 이행과 동시이행 관계가 인정된다.

④ 근저당권 실행을 위한 경매가 무효가 된 경우, 낙찰자의 채무자에 대한 소유권이전등기 말소의무와 근저당권자의 낙찰자에 대한 배당금 반환의무는 동시이행관계에 있지 않다.

⑤ 임대인이 임차인에게 필요비상환의무를 이행하지 않는 경우, 임차인은 지출한 필요비 금액의 한도에서 차임의 지급을 거절할 수 있다.

67. 乙은 제3자의 가압류 등기가 있는 甲소유의 부동산을 甲으로부터 매수하였다. 다음 설명 중 틀린 것은? (다툼이 있으면 판례에 의함)

① 甲의 소유권이전등기의무 및 가압류등기의 말소의무와 乙의 대금지급의무는 특별한 사정이 없는 한 동시이행 관계에 있다.

② 乙은 가압류의 존재를 이유로 계약을 해제할 수 없다.

③ 甲의 乙에 대한 매매대금채권이 전부명령에 의해 압류채권자인 丙에게 이전된 경우, 乙은 丙의 대금청구에 대해 동시이행의 항변권을 행사할 수 있다.

④ 乙이 중도금을 지체하던 중에 甲의 소유권이전등기의 이행기가 도과한 경우 乙의 중도금지급 채무도 甲의 소유권이전등기 의무와 동시이행관계로 된다.

⑤ 甲이 매매 계약과 별도로 乙에게 변제해야 할 채무가 있는 경우, 甲은 乙에 대한 매매 대금 채권과 乙의 대여금 채권을 대등액에서 상계할 수 있다.

68. 甲은 乙에게 자신의 X건물을 매도하는 계약을 체결하였다 틀린 것은?

① 계약 체결 이후에 甲의 귀책사유에 의하여 X건물이 멸실 된 경우, 乙은 甲과의 계약을 해제하고 손해배상을 청구할 수 있다.

② 계약 체결 이후에 태풍으로 인하여 X건물이 멸실된 경우 乙은 甲에게 이미 지급한 대금이 있으면 그 반환을 청구할 수 있다.

③ 계약 체결 이후에 乙의 귀책사유로 인하여 X건물이 멸실된 경우, 乙은 계약을 해제할 수 없다.

④ 甲이 등기를 제공하였으나 乙이 수령을 하지 않고 있던 중에 제3자의 귀책사유로 소유권 이전이 불가능하게 되면 甲은 乙에게 대금 지급을 청구할 수 없다.

⑤ 乙이 대금을 모두 지급하였다면 X건물 멸실로 인하여 甲이 취득하는 화재보험금에 대하여 대상청구권을 행사할 수 있다.

69. 甲이 乙에게 주택을 매도하면서 대금은 乙이 丙에게 지급하기로 약정하였고, 丙은 수익의 의사표시를 하였다. 다음 중 틀린 것은? (다툼이 있으면 판례에 의함)

① 丙은 수익의 의사표시를 乙을 상대로 하여야 한다.

② 甲이 등기서류의 제공을 지체하면 乙은 甲과의 계약을 해제하고 丙에 대한 대금의 지급을 거절할 수 있다.

③ 甲은 자신의 丙에 대한 채무가 시효로 소멸되었음을 이유로 乙에 대한 소유권이전등기 절차를 이행하지 않을 수 있다.

④ 乙이 丙에게 대금을 지급한 이후에 甲과 乙의 계약이 해제되더라도 乙은 丙에게 매매대금의 반환을 청구하지 못한다.

⑤ 甲과 乙의 매매 계약이 허위표시에 해당하여 무효라면 乙은 선의의 丙에게 무효를 주장할 수 있다.

70. 제3자를 위한 계약에 관한 설명으로 틀린 것은? (다툼이 있으면 판례에 의함)

① 제3자를 위한 계약의 수익자는 계약 당시에 현존 특정되지 않아도 무방하다.

② 낙약자가 제3자에게 상당한 기간을 정하여 수익 여부를 최고한 경우 그 기간 내에 확답을 받지 못하면 수익을 거절한 것으로 본다.

③ 수익의 의사표시를 한 수익자는 낙약자의 채무불이행을 이유로 손해배상을 청구할 수 있다.

④ 제3자가 수익의 의사표시를 한 후에도 요약자와 낙약자는 제3자를 위한 계약을 합의해제하여 계약상 권리와 의무를 소멸시킬 수 있다.

⑤ 낙약자가 약속한 채무를 이행하지 않는 경우에도 수익자는 계약을 해제하지 못한다.

71. 계약의 해제에 관한 설명으로 틀린 것은? (다툼이 있으면 판례에 의함)

① 합의해제의 경우에는 원칙적으로 손해배상책임이 발생되지 않는다.

② 당사자 사이에 약정이 없는 이상 합의해제로 인하여 반환할 금전에 그 받은 날로부터의 이자를 가산하여 반환하여야 한다.

③ 계약의 합의해제에 있어서도 계약해제의 경우와 같이 이로써 제3자의 권리를 해할 수 없다.

④ 해제의 의사표시는 철회하지 못한다.

⑤ 계약의 당사자가 수인인 때에는 해제의 의사표시는 전원으로부터 전원에 대하여 하여야 한다.

72. 해제권 발생을 위하여 최고를 필요로 하지 않는 것을 모두 고른 것은? (다툼이 있으면 판례에 의함)

> ㉠ 채무자의 귀책사유에 의한 이행불능
> ㉡ 일정한 시일에 이행하지 아니하면 계약의 목적을 달성할 수 없는 계약에서 채무자가 이행을 지체한 경우
> ㉢ 채무자가 이행기 전에 이행 거절의 의사를 분명히 하였다가 이를 적법하게 철회한 경우
> ㉣ 채무가 불완전하게 이행되었으나 완전한 이행이 가능한 경우
> ㉤ 약정해제 사유가 발생한 경우

① ㉠, ㉡, ㉢   ② ㉡, ㉢, ㉣

③ ㉢, ㉣, ㉤   ④ ㉠, ㉣, ㉤

⑤ ㉠, ㉡, ㉤

73. 해제에도 불구하고 보호받는 제3자에 해당하는 자를 모두 고른 것은? (다툼이 있으면 판례에 의함)

> ㉠ 해제된 매매 계약의 매수인으로부터 해제 전에 매매 목적물에 가등기를 경료 받은 자
> ㉡ 매도인으로부터 계약해제로 인하여 소멸되는 매매대금 채권을 양수한 양수인
> ㉢ 토지 매매 계약이 해제 된 경우, 그 토지 위에 매수인이 신축한 건물을 매수한 자
> ㉣ 매매 계약 해제 후 매수인 명의의 등기가 말소되기 전에 해제 사실을 모르고 목적물을 양도받아 이전등기를 완료한 자
> ㉤ 주택 매매 계약 해제로 소유권을 상실한 매수인으로부터 해제 전에 주택을 임차하여 인도와 주민등록을 완료한 임차인

① ㉠, ㉡, ㉢　　　　　　② ㉡, ㉢, ㉣
③ ㉢, ㉣, ㉤　　　　　　④ ㉠, ㉣, ㉤
⑤ ㉡, ㉣, ㉤

74. 甲은 乙에게 X토지를 매도하고 소유권이전등기를 경료해 주었으나 乙로부터 매매대금의 일부를 지급받지 못하고 있다. 다음 설명 중 틀린 것은?(다툼이 있으면 판례에 의함)

① 乙이 매매대금을 지급하지 않을 의사를 명백히 하였다면 甲은 자기 채무의 이행을 제공하지 않고 계약을 해제할 수 있다.
② 甲은 乙의 매매 대금 미지급을 이유로 X토지를 점유하면서 유치권을 주장할 수는 없다.
③ 甲이 계약을 해제한 이후에도 乙에게 대금의 지급을 청구하면 계약을 위반한 乙도 이행을 거절할 수 있다.
④ 乙의 귀책사유로 매매 계약이 해제되는 경우에 甲은 대금을 반환함에 있어서 그 받은 날로부터 이자를 가산하여 반환하지 않아도 된다.
⑤ 乙의 원상회복의무뿐만 아니라 손해배상의무도 甲의 매매대금 반환의무와 동시이행의 관계에 있다.

75. 계약금에 관한 설명으로 틀린 것은? (다툼이 있으면 판례에 의함)

① 매수인이 약정한 계약금을 지급하기 전이라면 계약금에 의한 매매 계약의 해제는 허용되지 않는다.

② 매매 계약이 무효 또는 취소되면 종된 계약인 계약금 계약은 효력을 잃는다.

③ 계약금은 해약금으로 추정된다.

④ 계약금의 해약금 성질은 당사자의 특약으로 이를 배제할 수 없다.

⑤ 계약금에 의한 해제가 가능한 경우에도 매수인의 채무불이행이 있으면 매도인에게 법정해제권이 인정된다.

76. 甲은 자기 소유의 토지를 乙에게 매도하면서 계약금을 수령하였다. 다른 특약은 없을 때 다음 중 틀린 것은? (다툼이 있으면 판례에 의함)

① 甲이 해제권을 행사하기 위해서는 계약금의 배액을 제공하여야 하지만 乙이 계약금의 수령을 거절하더라도 이를 공탁하여야 하는 것은 아니다.

② 만일 甲이 약정한 계약금의 일부만을 지급받은 경우에도 甲은 지급받은 계약금의 배액만을 상환하면 매매 계약을 해제할 수 있다.

③ 乙이 중도금을 지급한 후에는 이행에 착수하지 않은 甲도 계약금에 의한 해제를 할 수 없다.

④ 甲이 계약금에 의한 해제를 하는 경우 원상회복 의무나 손해배상청구권은 발생되지 않는다.

⑤ 특별한 사정이 없는 한 乙의 중도금 미지급을 이유로 甲이 매매 계약을 해제하는 경우에도 乙이 지급한 계약금이 甲에게 당연히 귀속되는 것은 아니다.

77. 매도인의 담보책임에 관한 설명으로 옳은 것은? (다툼이 있으면 판례에 의함)

① 전부타인권리 매매임을 알고 있었던 매수인은 목적물의 소유권을 취득할 수 없게 되더라도 매매 계약을 해제할 수 없다.

② 매매 목적물의 일부가 타인의 소유임을 모르고 있었던 매수인은 계약을 한 날로부터 1년 내에 한하여 대금의 감액을 청구할 수 있다.

③ 매매 목적물에 지상권이 설정되어 있음으로 인하여 매수인이 계약의 목적을 달성할 수 없는 경우에는 악의 매수인도 계약을 해제할 수 있다.

④ 매매 목적물에 저당권이 설정되어 있음을 알고 있었던 매수인도 그 저당권의 실행으로 소유권을 상실하면 계약을 해제하고 손해배상을 청구할 수 있다.

⑤ 가압류가 경료 되어 있는 사실을 알고 부동산을 매수한 매수인은 가압류 채권자의 강제경매로 소유권을 상실하더라도 매도인에게 손해배상을 청구할 수 없다.

78. 매도인의 담보책임에 관한 설명으로 틀린 것은? (다툼이 있으면 판례에 의함)

① 매매나 경매 자체가 무효인 경우에는 매도인의 담보책임은 인정될 수 없다.

② 매매 목적물에 하자가 있는지 여부는 매매 계약 체결 당시를 기준으로 판단한다.

③ 법률적 제한에 의하여 매수한 토지에 건물을 지을 수 없게 되었다면 이는 권리의 하자에 해당한다.

④ 경매에 있어서는 물건의 하자에 관한 담보책임은 인정되지 않는다.

⑤ 하자담보책임에 기한 매수인의 손해배상청구권에는 민법 제582조의 제척기간 규정으로 인하여 소멸시효 규정의 적용이 배제되는 것은 아니다.

79. 매매 계약 및 매매의 일방예약에 관한 설명으로 틀린 것은? (다툼이 있으면 판례에 의함)

① 매매 계약의 목적물이 매도인 소유가 아닌 경우에도 매매 계약에 따른 매도인의 의무는 발생된다.

② 목적물의 인도전에 매수인이 매매대금을 완납하였더라도 그 목적물의 과실수취권은 매도인이 갖는다.

③ 매매예약 성립 후 당사자 일방의 예약완결권의 행사 전에 상대방의 매매목적물이 멸실된 경우, 매매예약 완결의 의사표시가 있더라도 매매의 효력이 생기지 않는다.

④ 매매의 일방예약에 있어서 당사자 일방이 매매를 완결할 의사를 표시한 때에 매매의 효력이 생긴다.

⑤ 당사자 사이에 예약완결권의 행사기간을 정하지 않은 경우에 예약완결권은 매매예약 성립일로부터 10년 이내에 행사되어야 한다.

80. 甲은 乙에게 X토지를 매도하면서 같은 토지를 환매하기로 특약하였다. 다음 설명 중 틀린 것은?

① 환매특약이 효력이 있으려면 매매 계약과 반드시 동시에 하여야 한다.

② 환매 기간은 5년을 넘지 않는 범위 내에서 연장할 수 있다.

③ 甲과 乙의 매매 계약이 무효가 되면 환매특약도 효력을 잃는다.

④ 甲이 환매권을 행사하면 乙의 승낙이 없어도 환매의 효력이 발생된다.

⑤ 환매특약이 등기되어 있는 경우, 甲은 乙로부터 부동산을 매수한 丙에게도 환매권을 주장할 수 있다.

81. 甲은 乙에게 X토지를 이전하고 乙은 甲에게 Y건물을 이전하기로 하는 교환계약을 체결하였다. 다음 설명 중 틀린 것은?

① 甲과 乙의 교환계약은 성질상 요물계약이다.

② 甲과 乙의 교환계약에도 동시이행항변권이 인정될 수 있다.

③ 계약체결 후 X토지가 국가에 수용된 경우, 甲은 乙에게 Y건물의 이전을 청구하지 못한다.

④ X토지가 제3자의 소유임으로 인하여 甲이 乙에게 이전하지 못하는 경우, 乙이 그 사실을 알고 있었던 경우에도 교환계약을 해제할 수 있다.

⑤ 甲이 X토지 소유권 이전 의무의 이행을 명백히 거절하면 乙은 Y건물의 이행을 제공함이 없이 계약을 해제할 수 있다.

82. 다음 중 민법상 임대차 계약에 관한 설명으로 틀린 것은? (다툼이 있으면 판례에 의함)

① 임대차 계약의 존속기간을 영구무한으로 하는 것도 가능하다.

② 통상의 임대차 관계에 있어서 임대인은 특별한 사정이 없는 한 임차인의 안전을 배려할 의무까지 부담하는 것은 아니다.

③ 임대인의 수선의무를 면제하는 특약을 하는 경우에도 대규모 수선에 대해서는 여전히 임대인이 의무를 부담한다.

④ 임대인의 귀책사유 없이 임대차 목적물에 하자가 발생된 경우에도 임대인은 수선의무를 부담한다.

⑤ 임대차 계약 존속 중 임차인이 연체한 차임은 보증금에서 당연히 공제된다.

83. 비용상환청구권과 부속물매수청구권에 관한 설명으로 **틀린** 것은? (다툼이 있으면 판례에 의함)

① 임차인의 필요비상환청구권은 지출 즉시 행사가 가능하다.

② 임차인의 유익비상환청구권은 당사자의 약정에 의하여 포기할 수 있다.

③ 임차인이 임차 목적 건물에 부속시킨 물건이 기존 건물에 부합하여 독립성을 상실하였다면 부속물매수청구의 대상이 된다.

④ 부속물매수청구권의 대상이 되는 물건은 임대인의 동의를 받아 부속한 것이거나 임대인으로부터 매수한 것이어야 한다.

⑤ 부속물매수청구권을 포기하기로 하는 약정은 특별한 사정이 없는 한 효력이 없다.

84. 토지임차인의 지상물매수청구권에 관한 설명으로 **틀린** 것은? (다툼이 있으면 판례에 의함)

① 임대차 존속기간 만료 후 지체없이 갱신을 청구하지 않은 임차인은 지상물매수청구권을 행사할 수 없다.

② 기간의 정함이 없는 임대차가 임대인의 해지통고로 소멸한 경우에 임차인은 갱신청구를 하지 않고 매수청구를 할 수 있다.

③ 임대인 토지와 제3자 토지에 걸쳐서 건립되어 있는 건물도 그 전부에 대한 지상물매수청구권이 인정된다.

④ 지상물 매수청구권은 강행규정이지만 임차인의 채무불이행을 이유로 임대차 계약이 해지되는 경우에는 지상물매수청구권이 인정되지 않는다.

⑤ 토지 임차인이 임대차 종료 후에 지상물 매수청구권을 행사하면서 토지를 계속 사용하고 있다면 임대료 상당의 부당이득반환의 의무를 부담한다.

85. 임차인 乙은 임대인 甲의 동의를 얻어 임차목적 토지를 丙에게 전대하였다. 甲·乙·丙의 법률관계에 관한 설명으로 틀린 것은? (다툼이 있으면 판례에 의함)

① 丙은 甲에 대하여 직접 의무를 부담한다.

② 丙이 전대차계약상의 차임지급기일 전에 乙에게 지급한 차임으로 甲에게 대항하지 못한다.

③ 임대차와 전대차 계약이 모두 종료한 경우 丙은 甲에게 목적물을 반환하면 乙에 대한 목적물 반환의무를 면한다.

④ 甲과 乙의 합의로 임대차 계약을 해지하면 전대차 기간 종료 전이라도 丙의 권리는 소멸한다.

⑤ 甲이 乙의 차임 연체를 이유로 임대차 계약을 해지하기 위해서 그 사실을 丙에게 통지하여야 하는 것은 아니다.

86. 임차인 乙은 임대인 甲의 동의 없이 丙에게 전대하였다. 甲·乙·丙의 법률관계에 관한 설명으로 틀린 것은? (다툼이 있으면 판례에 의함)

① 甲은 乙과의 임대차 계약을 해지할 수 있다.

② 乙과 丙의 전대차 계약은 효력이 없다.

③ 甲이 임대차 계약을 해지하지 않았다면 乙에게 차임의 지급을 청구할 수 있다.

④ 甲이 임대차 계약을 해지하지 않았다면 丙에게 손해배상을 청구하지 못한다.

⑤ 甲의 동의가 없음으로 인하여 丙이 목적물을 사용할 수 없게 된 경우, 乙에게 귀책사유가 없는 경우에도 丙은 乙과의 계약을 해제할 수 있다.

87. **주택임대차보호법에 관한 설명으로 틀린 것은?** (다툼이 있으면 판례에 의함)

① 주택임대차보호법은 등기하지 않은 전세계약에도 적용된다.

② 주택임대차보호법은 일시사용을 위한 임대차에는 적용하지 않는다.

③ 주택임대차보호법의 적용을 받는 주택에는 주택의 대지도 포함 된다.

④ 주택임대차보호법상 주택인지 여부는 임대차 계약 체결 당시에 건물의 실지 용도에 따라 결정된다.

⑤ 법인이 임차인인 경우에도 임대인으로부터 주택을 양수한 자는 임대인의 지위를 당연히 승계한다.

88. **주택임대차보호법에 관한 설명으로 틀린 것은?** (다툼이 있으면 판례에 의함)

① 임차인이 다가구용 단독주택에 전입신고를 하면서 동호수의 기재를 누락하더라도 대항력을 취득할 수 있다.

② 담당공무원의 착오로 인하여 임차인이 신고서를 수정하여 제출함으로써 실제 지번과 다른 지번에 전입신고가 된 경우에는 임대차의 대항력이 인정될 수 없다.

③ 주민등록이 직권말소 된 후 이의절차에 의하여 말소된 주민등록이 회복되었다면 임대차의 대항력은 소급적으로 회복된다.

④ 기존의 채권으로 보증금 지급을 갈음한 경우에도 실제 주거용으로 목적물을 사용하고 있는 경우에는 임대차의 대항력이 인정될 수 있다.

⑤ 주택 임차인이 가족과 함께 그 주택을 점유하면서 가족의 주민등록을 그대로 둔 채 임차인만 주민등록을 다른 곳으로 옮긴 경우에도 대항력은 소멸한다.

89. 저당권이 설정되어 있지 않은 甲소유의 주택을 乙이 주거용으로 2년간 임대차한 경우에 관한 설명으로 틀린 것은? (다툼이 있으면 판례에 의함)

① 乙이 丙을 전차인으로 하여 간접점유 하는 경우, 丙이 주민등록을 완료한 경우라야 乙에게 대항력이 인정될 수 있다.

② 乙이 대항력을 취득한 후 甲소유의 주택이 丁에게 양도된 경우 乙에 대한 보증금 반환의무는 원칙적으로 丁에게 이전된다.

③ 존속기간이 만료 6개월 전부터 2개월 전까지 사이에 甲으로부터 주택을 양수하여 임대인 지위를 승계한 자의 거주를 목적으로는 갱신을 거절할 수 없다.

④ 乙이 2기분의 차임을 연체한 사실이 있는 경우, 甲은 임차인의 갱신요구를 거절할 수 있다.

⑤ 임대차 계약이 임차인의 갱신요구로 갱신된 경우에도 乙은 언제든지 임대차 계약의 해지를 통고할 수 있고 3개월이 경과하면 임대차가 종료한다.

90. 주택임대차보호법에 관한 설명으로 틀린 것은? (다툼이 있으면 판례에 의함)

① 임차주택의 경매에도 불구하고 보증금을 전부 회수하지 못한 대항력 있는 임차인은 보증금을 모두 지급 받을 때까지 임차권의 존속을 주장할 수 있다.

② 임차인의 보증금 반환채권을 계약으로 양수한 은행 등 금융기관은 보증금의 회수를 위하여 임대차 계약을 해지할 수 있다.

③ 임대인이 차임을 증액하고자 하는 경우에도 증액되는 차임이 기존 차임의 20분의 1을 초과할 수 없다.

④ 임차인이 보증금의 회수를 위하여 주택에 대하여 확정판결에 의한 경매를 신청하기 위해서 반대의무의 이행을 집행개시의 요건으로 하지 않는다.

⑤ 저당권이 설정 된 주택을 임차하여 인도 및 주민등록을 마친 임차인은 경매로 인하여 대항력을 상실한다.

91. 주택임대차보호법에 관한 설명으로 **틀린** 것은? (다툼이 있으면 판례에 의함)

① 임차인이 보증금 회수를 위하여 임차 주택에 강제경매를 신청하였다면 배당 요구를 하지 않아도 경매에서 보증금을 배당받을 수 있다.

② 임차인이 보증금 중 일정액을 선순위 저당권에 우선하여 배당받기 위하여서 는 경매개시 전에 대항력과 확정일자를 갖추어야 한다.

③ 임차권등기명령에 따라 등기가 된 주택을 다시 임차한 임차인은 소액보증금 중 일정액에 대해서 선순위 담보물권에 우선하여 배당받을 수 없다.

④ 나대지에 저당권이 설정된 후에 비로소 건물이 신축된 경우에 건물을 임차한 소액임차인은 대지의 환가대금에 대하여 소액보증금의 우선변제를 받을 수 없다.

⑤ 임차인의 소액보증금 최우선변제권은 주택 가액의 2분의 1을 넘지 않는 범위 내에서만 인정된다.

92. 상가건물 임대차보호법에 대한 설명으로 **틀린** 것은? (다툼이 있으면 판례에 의함)

① 임차인의 갱신요구권은 임대차 기간 만료 전 6개월 전부터 1개월 전까지 사 이에만 행사할 수 있다.

② 보증금이 10억원인 상가건물의 임대차에는 최단기간을 1년으로 보장하는 규 정이 적용되지 않는다.

③ 보증금이 10억원이고 존속기간을 정하지 않은 상가건물 임대차의 경우에는 임차인의 갱신요구권이 인정되지 않는다.

④ 상가건물 임대차의 법정갱신은 최초의 임대차 기간을 포함하여 10년을 초과 하지 않는 범위 내에서만 행사할 수 있다.

⑤ 임차인이 임차한 건물의 전부 또는 일부를 중과실로 파손한 경우에는 임대인 은 갱신을 거절할 수 있다.

93. 상가건물 임대차보호법의 권리금 대한 설명으로 틀린 것은? (다툼이 있으면 판례에 의함)

① 권리금에 관한 규정은 환산보증금의 액수에 관계없이 적용된다.

② 상가건물의 전대차 계약에도 권리금에 관한 규정은 적용된다.

③ 임차인이 권리금을 보호받으려면 기간 만료 6개월 전부터 만료 전까지 사이에 신규임차인이 되려는 자와 권리금 계약을 하여야 한다.

④ 임차인이 과거에 3기분에 이르는 차임을 연체한 사실이 있는 경우, 임대인이 권리금 회수 방해로 인한 손해배상 책임에서 면제된다.

⑤ 상가건물 임차인의 권리금 보호에 관한 규정은 최초 임대차 기간을 포함하여 10년을 초과하는 경우에도 인정된다.

94. 가등기담보 등에 관한 법률에 대한 설명으로 틀린 것은? (다툼이 있으면 판례에 의함)

① 대물변제예약 당시의 담보물의 가액이 차용액 및 이에 붙인 이자의 합산액에 미치지 못하는 경우에는 가등기담보 등에 관한 법률은 적용되지 않는다.

② 공사대금채권이나 매매대금채권을 담보하기 위한 목적으로 가등기나 소유권이전등기를 경료 한 경우에는 이 법의 청산절차는 적용되지 않는다.

③ 대물변제 예약을 하면서 채권담보 목적의 등기를 경료하지 않은 경우에도 채권자는 청산절차를 거치지 않으면 가등기담보법을 위반한 것이 된다.

④ 양도담보권이 설정 된 토지의 과실수취권은 청산절차가 완료 된 후 부터 채권자에게 이전된다.

⑤ 청산기간이 경과한 후에도 청산금이 지급되기 전이라면 채무자는 피담보채무를 모두 변제하고 담보가등기의 말소를 청구할 수 있다.

95. 甲소유의 X건물(7억원)에는 乙이 4억원의 대여금 채권을 담보하기 위하여 가등 기를 경료 받았고 그 후 丙이 저당권을 취득하였다. 다음 설명 중 틀린 것은? (다툼이 있으면 판례에 의함)

① 乙이 甲에게 담보권 실행 및 청산금의 액수를 통지하고 2개월이 경과하기 전 에 한 본등기는 효력이 없다.

② 乙이 통지한 청산금의 가액이 객관적 가액에 미달하는 경우에도 실행통지의 효력이 발생될 수 있다.

③ 청산기간 도중에 丙은 자기 채권의 변제기가 도래하기 전이라도 경매를 신청 할 수 있다.

④ 청산기간 중에 丙의 경매 신청이 있으면 乙은 본등기를 청구할 수 없다.

⑤ 가등기담보권자가 우선변제 받는 채권액은 청산금 지급 당시에 확정된다.

96. 집합건물의 소유 및 관리에 관한 법률에 관한 설명으로 옳은 것은? (다툼이 있으 면 판례에 의함)

① 집합건물의 공용부분은 규약으로 정하면 전유부분과 분리하여 처분할 수 있다.

② 구분소유자는 공용부분이나 집합건물의 대지를 지분의 비율로 사용할 수 있다.

③ 공용부분의 변경에 관한 사항은 관리단 집회에서 구분소유자 및 의결권의 각 3/4으로 결정한다.

④ 공용부분에 관한 물권변동의 효력이 발생되려면 등기를 필요로 한다.

⑤ 관리단은 공용부분이나 대지를 정당한 권한 없이 사용하는 자에 대하여 부당 이득의 반환을 청구할 수 있다.

97. 집합건물의 소유 및 관리에 관한 법률에 관한 설명으로 틀린 것은? (다툼이 있으면 판례에 의함)

① 전유부분에 설정된 저당권의 효력은 대지사용권에도 미친다.

② 대지사용권은 규약에 의하여 전유부분과 분리처분 할 수 있다.

③ 구분소유자가 아닌 대지 공유자는 원칙적으로 집합건물의 대지를 사용하고 있는 구분소유자들에게 부당이득의 반환을 청구할 수 없다.

④ 구분소유자의 특별승계인은 전 구분소유자가 체납한 관리비 중 공용부분에 관한 관리비와 그 연체료를 승계하여야 할 책임이 있다.

⑤ 재건축 결의는 관리단 집회에서 구분소유자 및 의결권의 각 5분의 4 이상으로 결의한다.

98. 부동산 실권리자명의 등기에 관한 법률에 대한 설명으로 틀린 것은? (다툼이 있으면 판례에 의함)

① 종교단체의 하위 조직이 소유한 재산을 종교단체 명의로 등기하는 것은 조세포탈 등의 부정한 목적이 없으면 유효로 한다.

② 유효한 명의신탁의 신탁자가 사망한 경우 그 배우자인 명의수탁자와 신탁자의 상속인 사이에는 유효한 명의신탁 관계가 유지된다.

③ 명의신탁자와 수탁자의 혼인으로 등기명의자가 법률상 배우자가 된 경우, 위법한 목적이 없는 한 명의신탁약정은 혼인한 때로부터 유효로 된다.

④ 명의신탁자와 계약을 체결하고 수탁자로부터 등기만을 경료 받은 자도 명의신탁 약정 및 그로 인한 물권변동의 무효로 대항하지 못하는 제3자에 해당한다.

⑤ 무효인 명의신탁약정에 기하여 타인명의의 등기가 마쳐졌다고 하더라도 그것이 당연히 불법원인 급여에 해당하는 것은 아니다.

99. 甲은 丙으로부터 2024년에 丙소유의 X토지를 매수하는 계약을 체결하면서 소유권이전등기를 여자친구 乙명의로 하기로 乙과 명의신탁약정을 하였다. 그 후 丙은 乙명의로 소유권이전등기를 해 주었다. 틀린 것은? (다툼이 있으면 판례에 의함)

① 乙명의의 소유권이전등기는 효력이 없다.

② 甲은 乙에게 직접 소유권이전등기의 말소를 청구할 수 있다.

③ 乙이 甲에게 스스로 소유권이전등기를 경료해 주었다면 甲은 X토지의 소유권을 취득할 수 있다.

④ 乙이 제3자 丁에게 X토지를 처분하고 수령한 금원은 甲에게 반환하여야 한다.

⑤ 甲과 매매 계약을 체결한 자가 乙로부터 경료 받은 소유권이전등기도 실체관계에 부합하는 유효한 등기가 될 수 있다.

100. 2024년에 甲은 친구 乙과 명의신탁 약정을 맺은 후 乙이 丙으로부터 X토지를 매수하면서(매수자금은 甲이 제공) 乙명의로 소유권이전등기를 마쳤다. 다음 중 틀린 것은? (다툼이 있으면 판례에 의함)

① 丙이 계약 당시에 명의신탁 약정의 존재를 알지 못한 경우에는 乙이 X토지의 소유권을 취득한다.

② 甲은 丙을 대위하여 乙명의 등기의 말소를 청구할 수 있다.

③ 甲은 乙에게 X토지 매입을 위하여 지급한 금원의 반환을 청구할 수 있다.

④ 만일 乙이 경매절차에서 X토지를 매수한 것이라면 丙이 명의신탁 약정의 존재를 알고 있었던 경우에도 乙은 소유권을 취득할 수 있다.

⑤ 乙로부터 토지를 매수한 제3자가 명의신탁 약정에 관해서 알고 있었다고 하더라도 부동산의 소유권을 취득할 수 있다.

정답

1	2	3	4	5	6	7	8	9	10
④	⑤	②	③	⑤	⑤	②	②	⑤	③
11	12	13	14	15	16	17	18	19	20
①	③	④	⑤	②	③	⑤	②	②	⑤
21	22	23	24	25	26	27	28	29	30
⑤	②	③	②	②	③	②	③	⑤	③
31	32	33	34	35	36	37	38	39	40
②	③	③	③	①	③	④	④	③	①
41	42	43	44	45	46	47	48	49	50
②	①	⑤	②	④	③	④	⑤	①	③
51	52	53	54	55	56	57	58	59	60
⑤	②	①	①	④	⑤	③	⑤	②	④
61	62	63	64	65	66	67	68	69	70
⑤	①	④	④	⑤	②	⑤	④	③	④
71	72	73	74	75	76	77	78	79	80
②	⑤	④	④	④	②	④	③	②	②
81	82	83	84	85	86	87	88	89	90
①	⑤	③	③	④	②	⑤	⑤	③	②
91	92	93	94	95	96	97	98	99	100
②	④	②	③	⑤	⑤	④	④	②	②

제35회 공인중개사 시험대비 **전면개정판**

2024 박문각 공인중개사
민석기 파이널 패스 100선 1차 민법·민사특별법

초판인쇄 | 2024. 8. 5. **초판발행** | 2024. 8. 10. **편저** | 민석기 편저
발행인 | 박 용 **발행처** | (주)박문각출판 **등록** | 2015년 4월 29일 제2019-000137호
주소 | 06654 서울시 서초구 효령로 283 서경빌딩 4층 **팩스** | (02)584-2927
전화 | 교재 주문 (02)6466-7202, 동영상문의 (02)6466-7201

저자와의
협의하에
인지생략

정가 17,000원
ISBN 979-11-7262-177-3